Sebastian Knurrhahn

ANDREAS GABALIER

MIT GAUDI UND G'FÜ

Sebastian Knurrhahn

ANDREAS GABALIER

MIT GAUDI UND G'FÜHL

Vom Gipfelstürmer an die Spitze der Charts

riva

Bibliografische Information der Deutschen Nationalbibliothek
Die Deutsche Nationalbibliothek verzeichnet diese Publikation in der Deutschen Nationalbibliografie. Detaillierte bibliografische Daten sind im Internet über https://dnb.de abrufbar.

Für Fragen und Anregungen
info@m-vg.de

Wichtiger Hinweis
Ausschließlich zum Zweck der besseren Lesbarkeit wurde auf eine genderspezifische Schreibweise sowie eine Mehrfachbezeichnung verzichtet. Alle personenbezogenen Bezeichnungen sind somit geschlechtsneutral zu verstehen.

Originalausgabe
1. Auflage 2025

Türkenstraße 89
80799 München
Tel.: 089 651285-0

Redaktion: Carola Felchner
Umschlaggestaltung: Sonja Stiefel
Umschlagabbildung: picture alliance / Geisler-Fotopress | Michael Kremer/ Geisler-Fotopress
Satz: Daniel Förster
Druck: GGP Media GmbH, Pößneck
Printed in Germany

Wir produzieren nachhaltig
www.m-vg.de

ISBN Print 978-3-7423-1693-6
ISBN E-Book (EPUB, Mobi) 978-3-7453-1716-9

Weitere Informationen zum Verlag finden Sie unter
www.rivaverlag.de
Beachten Sie auch unsere weiteren Verlage unter www.m-vg.de

INHALT

VORWORT

Als Phänomen bezeichnet man im Alltag etwas Außergewöhnliches, auch einen überragenden Menschen. Und beides trifft auf Andreas Gabalier zu. Er ist in der Tat eine außergewöhnliche Erscheinung in der Musikszene: Innerhalb weniger Jahre vollzog sich sein Aufstieg vom unbekannten Grazer »Buam« zum Schlagerstar, der ganze Olympiastadien füllt. In dieser Zeit änderte sich sein Musikstil, indem er Rock'n'Roll-Klänge mit der traditionellen Volksmusik vermischte: Die Ziehharmonika traf auf die elektrische Gitarre. Und aus dem etwas brav aussehenden jungen Mann, wie er bei seinem ersten Fernsehauftritt zu sehen war, wurde ein »Volks-Rock'n'Roller« mit geölter Tolle. Gabalier erfand sozusagen die Volksmusik neu, verpasste ihr ein Kleid auf Höhe der Zeit und ließ damit das etwas altbackene Milieu von Musikantenstadl und Co. weit hinter sich. Was ist das herausragendste Kennzeichen des inzwischen fast 40-jährigen Schlagerstars? Es ist sein Erfolg. Gabalier füllt mit seiner Musik die Stadien und Konzerthallen und seine Fans kommen in Lederhosen und im Dirndl, egal ob in München, Graz oder Berlin.

Auch wenn seine Texte durchaus kritisiert werden und er gerade zu Anfangszeiten auch mal das »starke Wadel« auf das »fesche Maderl« reimte, was einem Kritiker »die Zehennägel aufrollte«, scheint die Musik von Andreas Gabalier den Nerv der Zeit zu treffen, und das seit mindestens einem Jahrzehnt. Welchen Nerv genau? Es geht auf jeden Fall um Gefühle, und es geht um eine Welt, in der die Menschen Heimat finden, zum Beispiel vor der Kulisse der Berge oder im Tragen von Dirndl und Lederhosen. Wie im Heimatfilm kann man dem entfliehen, was im Alltag bedrückt: Eine sich immer schneller drehende Welt mit ständiger Herausforderung und beständigem Wechsel und Bedrohungen durch Kriege und Krisen. Andreas Gabalier steht für eine Musik, die zugleich kultige Party und mit Balladen Balsam für die Seele ist; in die man sich einwickeln kann wie in eine flauschige Wolldecke.

ERFOLGSREZEPT »HEIMAT«

Gibt es etwas, das Andreas Gabalier von den Kollegen im Show- und Schlagergeschäft unterscheidet? Es ist wohl diese spezielle Mischung aus Naturbursche, Volks-Rock'n'-Roller, Mann der Berge, Lederhosenträger, Humor und vielleicht auch Sexsymbol, die ihn so unverwechselbar macht. Und natürlich der Erfolg mit Millionen von verkauften Alben und den ausverkauften Stadien.

Wer nach den Gründen für diesen Erfolg sucht, kann einige Antworten bei der österreichischen Business Coachin Katharina Schneider finden, die sie im *Andreas Gabalier Magazin* kundgetan hat. Danach wurzelt seine Beliebtheit in der Fähigkeit, die Wünsche der Zuschauer nach einem Wir-Gefühl, einem friedlichen Miteinander, einer anderen Welt, zu erfüllen. Dazu gehört, dass man als Person authentisch erscheint und dass man ein Ziel beständig verfolgt und sich nicht abbringen lässt. Und eine eigene Meinung vertritt. Gabalier vermittele zudem in seinen Konzerten eine positive Stimmung. Und er habe es geschafft, seinen »Herzensweg« zu gehen und beschäftige sich lieber mit Musik als mit der Juristerei, die er studiert hat.

Nun ist schon klar, dass Musik, dass Schlager, dem Zuhörer etwas geben muss, wonach dieser verlangt. Zum Beispiel romantische Gefühle, wenn sich in den Texten Herz auf Schmerz reimt. Oder ein Vorbild, als das sich Musiker und Schauspieler ebenso anbieten, man denke nur an James Dean in der Rolle des Rebellen oder an aktuelle Superstars wie Adele. Und dann kann man gezielt danach fragen, was für Wünsche denn Andreas Gabalier mit seiner Musik erfüllt?

Wirft man einen Blick in die entsprechende Literatur, finden sich mittlerweile verschiedene Aufsätze, die sich mit der Antwort auf diese Frage beschäftigen. Die Antwort ist, grob gesprochen: Heimat. Bei dem Begriff geht es um die Betonung des von Katharina Schneider angesprochenen Wir-Gefühls, wobei auch klar ist, dass eine derartige »Heimat«, wie sie in Liedtexten von grünen Almwiesen und dem Lederhosen-Outfit präsentiert wird, vor allem eine Projektionsfläche für Wünsche ist. Der Erfolg von Andreas Gabalier, so könnte man es kurz sagen, beruht auf der Sehnsucht nach einer Welt, in der man sich besser aufgehoben fühlt als in der wirklichen Welt der Krisen und Bedrohungen. So ganz neu ist diese Erkenntnis grundsätzlich nicht. Neu ist aber vielleicht, dass das Unbehagen in Bezug auf die real existierende Welt größer geworden ist und sich neue Schlupflöcher für Träume auftun, wenn jemand wie Andreas Gabalier wortwörtlich die Bühne betritt.

FANLIEBE: FÜR ALLE ETWAS UND ETWAS FÜR ALLE

Streift man vor Konzerten von Andreas Gabalier durch die wartenden Fans, zum Beispiel vor dem Münchner Olympiastadion im Juni 2024, fällt auf, dass sie aus drei oder vier Generationen stammen. Da sind Mütter mit erwachsenen Töchtern, oft kommt die Oma mit und auch etliche Kinder, ab dem erlaubten Alter von sechs Jahren, sind bei den Konzerten mit dabei. Und auch wenn das weibliche Geschlecht die Mehrheit bei den Konzerten stellt: Männer verschiedenen

Alters mögen Gabalier ebenfalls – und kommen dann natürlich stilecht in Lederhosen. Andreas Gabalier bekommt generationen- und geschlechtsübergreifenden Zuspruch, der neben der »Fluchtmöglichkeit« aus dem Alltag und dem Vermitteln des Wir-Gefühls ein weiterer Faktor für den Erfolg von Andreas Gabalier sein dürfte. Jeder scheint bei ihm irgendetwas zu finden, mit dem er sich identifizieren kann.

Da ist zum Beispiel Susanne, 52 Jahre alt. Das fünfte Konzert des Grazers im Münchner Olympiastadion ist ihr zweites Gabalier-Konzert. Sie findet vor allem seine Musik, die leichten Texte und die Show gut – und Andreas' Optik auch. Sie höre ihn schon mal im Autoradio, aber vor allem die Töchter seien die Fans.

Ludwig, 37, sagt, ihm gefalle Gabalier, weil er konservativ eingestellt sei, so wie er selbst – und damit meint er die Liebe zur Heimat und dass man nicht mit dem Strom schwimmt. Seit sieben Jahren ist Ludwig, der natürlich Lederhose trägt, ein Fan des Grazers und kann die Texte mitsingen.

Als Ludwig Gabalier-Fan wurde, war Marlene gerade mal zwei Jahre alt. Mittlerweile hört die Neunjährige den Volks-Rock'n'Roller zu Hause auf einer CD, die ihre Mama ihr geschenkt hat. Und sie trägt gerne ihr rosa Dirndl-Kleid.

Ein ähnliches Outfit trägt Vanessa, 20, aus Thüringen. Das Dirndl symbolisiert für sie Tradition und dass die Leute das Gleiche empfinden. Für sie steht die Musik von Gabalier für Heimat, Liebe und Zusammenhalt. Außerdem sehe er gut aus und das, was er mache, sei nicht so altbacken wie andere Volksmusik.

Eine Gaudi und einen schönen Abend erwartet Andreas, 42. Es ist das erste Gabalier-Konzert des Rosenheimers. Er mag die Musik, die er zu Hause im Radio hört, und findet Andreas Gabalier sympathisch.

Gute Stimmung und einen schönen Abend erwarten auch Susanne, 66, die mit ihrem Mann aus Österreich gekommen ist und alle Lieder von Gabalier kennt, und Katrin, 37, die schon siebenmal auf einem Gabalier-Konzert war. Diesmal nicht im Dirndl, wegen des angesagten Regens.

Dass die Gabalier-Fans überhaupt in Dirndln und Lederhosen zu den Konzerten kommen, und das teilweise auch weit jenseits des berühmten »Weißwurstäquators«, beispielsweise in Berlin oder Hamburg, gehört zu den Dingen, die auch den Sänger selbst verblüffen.

VOLLES KONTO, VOLLES ROHR

Wenn Andreas Gabalier heute unterwegs ist, hat er immer 500 Euro einstecken. Er zahlt gerne bar, das geht noch auf die Zeit zurück, als er in seiner Freizeit gekellnert hat und immer Wechselgeld brauchte. Und auf seine Kindheit, als das Geld in der sechsköpfigen Familie immer eher knapp war. Er und seine Geschwister seien sehr bodenständig aufgewachsen, erzählte er in einem Gespräch mit der *Süddeutschen Zeitung*, es sei eine schöne, aber bescheidene Kindheit gewesen. Die Familie fuhr kein teures Auto, Ferien und Wochenende wurden auf dem Bauernhof der Oma verbracht und bis zum Alter von 14 Jahren musste er die Hosen von anderen auftragen. Erst dann bekam der junge Andreas die erste eigene Jeans. Zum Geburtstag gab es meist Kleidung und einen kleinen Geldbetrag von den Großeltern. Diese Zeiten sind seit seinem Erfolg als Volks-Rock'n'Roller natürlich vorbei, Gabalier ist längst Millionär, protzt aber nicht und tritt eher bescheiden auf.

Ein bisschen was gönnt er sich aber doch und pflegt zum Beispiel ein paar Hobbys. So hat er sich aus den USA die Überreste eines alten Ford Mustangs kommen lassen, an dem Oldtimer schraubt er jetzt mit seinen Freunden herum, ein richtiges »Männerspielzeug«, wie er verrät. Andreas fährt auch gerne Motorrad. So war er zehn Jahre lang mit einer BMW R 1200 unterwegs. Aktuell steht aber eine Ducati in seiner Garage – eine Diavel Baujahr 2014. Das ist ein ziemlicher Bolide mit mehr als 150 Pferdestärken. Nicht ganz so potent war sein erstes Auto: ein alter Golf Country. Das heute 20 Jahre alte Gefährt hatte er seinerzeit für 600 Euro gebraucht gekauft. Auch an einem Audi hatte der Sänger schon mal Gefallen gefunden: 2016 stand der getunte RS3 mit 464 PS bei einem Autohändler zum Verkauf – für 39 990 Euro. Andreas fährt Verbrenner und ist nicht unbedingt ein Freund von E-Autos. Bei denen müsse man sich nämlich fragen, woher denn der Strom komme und außerdem, was mit den Akkus der E-Autos passiere, wenn diese irgendwann den Geist aufgäben.

ALLES AUSSER MUSIKER ...

Ein Rockstar zu werden, mit der Gitarre oder am Keyboard auf der Bühne zu stehen und das Publikum zu begeistern, davon träumen manche Jungs. Nicht so der junge Andreas Gabalier. Sein Berufswunsch schwankte je nach Alter. Als Fünfjähriger war er fasziniert von Müllmännern, sodass das sein erster Berufswunsch war. In der Volksschule war er häufig zu Besuch bei seinem besten Freund, der in einem großen Haus lebte. Dessen Vater war Zahnarzt – und diente dem jungen Andreas in Sachen Berufswunsch fortan als Vorbild. Mit zwölf Jahren hatte sich sein Berufswunsch dann noch einmal verändert. Zu dieser Zeit hatte er einen amerikanischen Film über »Männer, die durchs Feuer gehen« gesehen. Durchs Feuer gehen, das wollte Andreas auch: Er wollte Feuerwehrmann werden. Ein paar Jahre später, im Alter von 15 Jahren, galt sein Interesse der See, die er als Kapitän befahren wollte.

Doch wie sah die Realität für den späteren »Alpen-Elvis« aus? Die Schule war zunächst nicht unbedingt sein Ding. Fußball spielen oder im Wald herumtollen, das hätte er gern getan, anstatt still im Klassenzimmer zu sitzen oder zu Hause die Hausaufgaben zu machen. Nach der Volksschule ging Andreas 1995 auf ein Realgymnasium (dort liegt der Schwerpunkt auf naturwissenschaftlichen Fächern), nach einer »Ehrenrunde« wechselte er dann 1997 auf eine Musikmittelschule. Obwohl er mit Zahlen nicht so gut konnte, schrieb sich Andreas 2003 an der Handelsakademie Graz ein. Er wählte also eine kaufmännische Laufbahn. Dort interessierten ihn besonders der Sportunterricht und Marketingkurse. Drei Jahre später wechselte er das Metier und begann, an der Grazer Karl-Franzens-Universität Jura zu studieren. Der Grund für diese Studienwahl soll darin gelegen haben, dass an der rechtswissenschaftlichen Fakultät angeblich die hübschesten Studentinnen zu finden waren. In einem Zeitungsinterview gesteht er allerdings: Es war eine Verlegenheitslösung. Er habe viel gejobbt, seit er 13 Jahre alt war. Am Wörthersee Elektroboote vermietet, später in Bars oder bei Baufirmen gearbeitet. Das sei sehr lustig und abwechslungsreich gewesen, aber irgendwann habe er gedacht, warum nicht mal an der Uni vorbeischauen? Das Studium abgeschlossen hat Andreas Gabalier dann nicht, es kam bekanntlich eine andere Karriere dazwischen: als rockender Volksmusiker. Tut es ihm leid, dass er keinen Jura-Abschluss hat? Nein, sagt er. Denn dann müsste er heute ja den ganzen Tag Verträge lesen: »Das wär' wirklich schrecklich.«

MIT STIFT UND BLOCK ALLEIN IM WALD

In den Jahren 2003 und 2004 leistete Andreas Gabalier seinen Wehrdienst beim österreichischen Heer ab – und in dieser Zeit entstanden die Texte seiner ersten Songs. Denn beim Dienst im Bundesheer gebe es schon mal auch etwas Leerlauf, und diese Zeit habe er mit dem Schreiben von Gedichten und Liedern gefüllt.

Anders als in Deutschland, wo die Wehrpflicht auf Beschluss des Bundestages seit dem 1. Juli 2011 ausgesetzt ist (sie besteht also weiter, aber in Friedenszeiten werden keine Wehrpflichtigen mehr eingezogen), besteht in Österreich die Wehrpflicht für Männer fast ununterbrochen seit 1866, Frauen können sich freiwillig melden. Alle tauglichen jungen Männer müssen sich nach dem 18. Geburtstag zum Grundwehrdienst melden, der sechs Monate dauert. Andreas rückte so am 1. Oktober 2003 in die Hackher-Kaserne in Gratkorn, einer Marktgemeinde nördlich von Graz, ein. Die Kaserne ist übrigens nach Franz Xaver Edler Hackher benannt, der Major war Anfang des 19. Jahrhunderts Stadtkommandant von Graz, seine kluge und tapfere Verteidigung des Grazer Schlossberges gegen die napoleonischen Truppen brachte ihm bleibenden Ruhm ein.

Bei seinem Einrücken hatte Andreas nur sein Handy und die Brieftasche als Gepäck dabei, er hatte nicht gedacht, dass er gleich die ganze Woche in der Kaserne bleiben musste. Hätte er sich besser mal die Packliste für Grundwehrdiener angesehen: Denn da ist zu lesen, beim Einrücken solle man auf jeden Fall zivile Kleidung mitnehmen, da die Rekruten die Kaserne erst nach der zweiten Ausbildungswoche in Uniform verlassen dürften. Die Einrückenden bekämen vom Bundesheer Sportschuhe, könnten ihre eigenen jedoch auch benutzen. Auf keinen Fall fehlen sollten im Rucksack ein Schlafanzug und die wichtigsten persönlichen Hygieneartikel wie Waschzeug, Rasierzeug, Zahnbürste und Badeschlappen.

Der Tagesablauf für den späteren Volks-Rock'n'Roller sah wohl damals ähnlich aus, wie ihn die Rekruten heute durchlaufen: morgens von 6:00 bis 6:45 Uhr Waschen, Anziehen, Bettenbau und Frühstück. Von 6:45 bis 7:20 Uhr Reinigen des Zimmers und vorbereiten auf den Dienst. 7:20 Uhr Antreten auf dem Kasernenplatz. 7:30 bis 7:40 Uhr Standeskontrolle, Meldung. 7:40 bis 12:00 Uhr Dienst laut Dienstplan. 12:00 bis 12:45 Mittagessen. 12:45 bis 16:00 Uhr wieder Dienst laut Dienstplan und schließlich von 16:00 bis 16:15 Uhr Befehlsausgabe. Der Sold für den Grundwehrdienst betrug wenige hundert Euro pro Monat. Beim Heer traf er auch einen alten Schulfreund und beide wurden nach der Grundausbildung im Winter an die österreichisch-ungarische Grenze verlegt. Das war der zweite und dritte Abschnitt der Ausbildung im Wehrdienst, dabei werden die Rekruten in einer speziellen Waffengattung geschult. Das war die Zeit, als es Andreas beim Grenzschutz alleine in der Nacht so langweilig war, dass er Stift und Block mitnahm und Verse aufschrieb.

Dass man in der Wehrpflichtzeit »Kameradschaft, Abenteuer und jede Menge Abwechslung« erlebt, meint das Bundesheer auf seiner Internetseite. Für den 18-jährigen Andreas hat das wohl auch gestimmt. Jedenfalls beschreibt er später diese Zeit als »unvergesslich«. Besonders eingeprägt hat sich ihm eine Silvesterfeier beim Grenzeinsatz im Burgenland. Im Wald. Zu zweit mit einem Freund: »Das schweißt zusammen.« Generell biete der Wehrdienst jungen Männern die Möglichkeit, zu lernen, »miteinander auszukommen«.

Eine Erfahrung, die positiv in Andreas Gabalier nachzuhallen scheint. In einem Interview mit Radio Kärnten vor einigen Jahren meinte er jedenfalls, es sei gar nicht schlecht, dass es das Bundesheer noch gebe. Denn ein Teil der Gesellschaft werde doch in den jungen Jahren sehr verwöhnt, beim Militär müsse man sich dann wieder etwas sagen lassen. Auch die Erfahrung der Kameradschaft, dass man sich auf den anderen verlassen könne, sei wichtig. Damals hat er auch die Textzeilen zu »Mein Bergkamerad« geschrieben, darin heißt es, Kameraden halten ein Leben lang zusammen, die Freundschaft präge ein Männerleben. Obwohl sich Andreas im Wehrdienst in so manche »Drecklache« schmeißen musste, blickt er auf diese Zeit mit einem Lachen zurück.

E-GITARRE STATT FLÖTENTÖNE

Welche Instrumente spielt Andreas Gabalier auf der Bühne? Na klar, die Ziehharmonika, die Gitarre und manchmal auch Klavier. Bis er diese beherrschte, war es aber ein langer Weg. Der begann als kleiner Bub, als er auf Wunsch der Mutter Sopranino lernen sollte, die kleinste Blockflöte. Für den Vierjährigen gar nicht so einfach. Er traf mit seinen

Kinderfingern einfach nicht die richtigen Töne und gab das Flötenspielen schließlich auf. Als er in die Grundschule kam, stand Klavierunterricht auf dem Programm, die Mutter wollte unbedingt, dass Andreas ein Instrument erlernte. In der Familie Gabalier spielte die Musik schon immer eine große Rolle. Allerdings fand Andreas es als Kind oft furchtbar, wenn die Kinder bei Geburtstagen von Tanten und Onkeln oder bei Hochzeiten spielen mussten. Auch das Üben war eher nicht sein Ding. Seine Mutter soll ihn einmal in der Woche am Ohrläppchen vom Eishockeyplatz zum Klavierspielen geschleift haben. Dank einer derartigen »Motivation« war nach acht Jahren der Wille zum Klavierlernen ziemlich erloschen. Andreas konnte sich auch nicht für die klassische Musik begeistern, auf die seine Klavierlehrerin solchen Wert legte. Er mochte schon damals lieber Rockmusik. Er hatte die Wände tapeziert mit Postern von AC/DC, aber auch von Natalie Imbruglia und Christina Aguilera. In seiner Jugend kaufte sich der künftige Volks-Rock'n'Roller in einem Grazer Musikgeschäft dann eine Gitarre, für damals 6500 Schillinge, heute etwa 500 Euro. Einen Teil konnte Andreas selbst von dem Geld, das er sich zuvor mit schon erwähntem Ferienjob beim Bootsverleih am Wörthersee verdient hatte, bezahlen. Den Rest steuerte sein Vater bei. Die Liebe zu diesem Instrument erweckte sein damaliger Werklehrer in ihm, einige Mädchen aus der Nachbarschaft haben ihm die ersten Griffe beigebracht. Als er die Westerngitarre im Laden gesehen hat, hat Andreas sofort gewusst: »Das ist mein Baby.« Mit ihr begann die Leidenschaft, selbst Musik zu machen. Seine berühmte steirische Harmonika half ihm dann später durch die vermutlich schwerste Zeit seines Lebens. Er kaufte sie nach dem Tod von Vater und Schwester und brachte sich selbst das Spielen bei – auf einer Alm übte er stundenlang. In einigen seiner

Lieder, zum Beispiel »Es ist die Zeit«, spielt er »die Steirische«. Doch wer nun meint, das Instrument passe doch genau zu einem Musiker, der auch gern mal seine steirische Heimat besingt, dem sei gesagt: Die Steiermark als Region hat nichts mit der Entstehung des Instruments zu tun. Die steirische Harmonika wurde in der österreichischen Hauptstadt Wien erfunden. Ihren Namen erhielt sie, weil sie sich zum Spielen von Volksmusik sehr gut eignete, und »steirisch« im großstädtischen Wien gleichbedeutend für ländliche Musik war. Mittlerweile produzieren die Hersteller immer neue Versionen des Instruments, sowohl in traditionellen als auch in modernen Ausführungen. Andreas Gabalier spielt übrigens auf einem Instrument der Firma Strasser, und die ist, so sagt er, »das Instrument, mit dem ich meine Lieblingsstimmung finde«. Sie sei außerdem so gut wie überall verfügbar, wo er sich am liebsten aufhalte, und zwar in der Berghütte.

VOM KELLER AUF DIE BÜHNE

Nach seinem Wehrdienst zog Andreas Gabalier in das große Dachzimmer in seinem Elternhaus in Graz, das er allerdings mit seinem älteren Bruder Willi teilen musste. Da sollte es noch ein paar Jahre hin sein, bevor er die ersten Schritte in Richtung Musikkarriere unternahm. Erst 2008 nahm Andreas in einem Keller in der Nachbarschaft zusammen mit einem Freund die ersten Demobänder auf: Andreas spielte auf der Gitarre, der Freund drosch auf das Schlagzeug von Andreas' kleinem Bruder Toni ein, das sie dort aufgebaut hatten, und dabei lief ein Tonband mit. Zu den ersten Liedern gehörte auch »Mit dir«, dazu wurde das ursprünglich für seine Ex-Freundin verfasste Liebesgedicht in einen Songtext umgewandelt. Klar, dass es in dem Lied um Augen »wie stean« (Sterne) geht und dass er »sie« gernhat. Der zweite aufgenommene Song war »Steirerland«. Das Lied hat Andreas Gabalier für seinen Onkel Michi geschrieben und ihm zum 50. Geburtstag geschenkt. Der Bankdirektor, bei dem Banknoten immer ohne Eselsohren sein mussten, hat Andreas den Bezug zu Geld beigebracht und ihn für Sport begeistert.

Das Demoband mit weiteren im Keller eingespielten Instrumenten wie Harmonika und Klavier wurde noch auf einem Fünf-Spur-Mischpult nachbearbeitet. Das Liebeslied ließ Andreas schließlich auf eigene Kosten auf CD pressen. Mit der ging er dann zum Landesstudio Graz des Österreichischen Rundfunks und gab sie bei der Empfangsdame des Senders ab. Und tatsächlich – eine Woche später rief der Leiter der Musikredaktion von Radio Steiermark an.

Doch die Aufnahmen auf der CD waren zu schlecht, um im Radio gespielt zu werden. Also ging Andreas in ein professionelles Aufnahmestudio, um die Lieder erneut aufzunehmen, das kostete 3000 Euro, die er teilweise von seiner Oma bekam. Zwei Wochen später war es dann so weit. »Mit dir« lief am 18. Juli 2008 um 15:45 Uhr zum ersten Mal im Radio. Zwar brachte das Lied ihm nicht die ehemalige Freundin zurück, doch es wurde ein super Erfolg. Die CD verkaufte sich gut, Andreas packte sie zu Hause ein und verschickte sie an die Käufer. Auch das zweite Lied, »Steirerland«, lief später im Rundfunk. Am 31. Oktober 2008 erschien Andreas' zweite Single »Amoi seg' ma uns wieder«.

Das war die Zeit, als er aus dem elterlichen Haus aus- und in eine Studentenwohnung in Graz einzog, von der er aus zur Uni ging. Von da an kümmerte er sich selbst um seine Wäsche. In der neuen Wohnung richtet er auch ein kleines Tonstudio mit Laptop und Mikrofon ein.

Im Dezember macht Andreas dann den nächsten Schritt: Er tritt vor Publikum auf. Mal im Vorprogramm von anderen Bands, mal in Clubs. Im Radio häufen sich die Höreranfragen, schließlich wird er als Studiogast zum ORF eingeladen. Er ist so aufgeregt, dass er nur in breitem Dialekt spricht. Der große Bühnenauftritt kam dann 2009 beim 61. Steirischen Bauernbundball – dem größten Ball in Europa, wie es heißt, ein Mega-Event. Vor 10 000 Zuschauern kam Andreas in Lederhosen und mit der Harmonika auf die Bühne und spielt sein »Mit dir«. Unter den Ballbesuchern ist er kaum bekannt, doch sie sind begeistert und verlangen »Zugabe, Zugabe«. Das Publikum war großartig, erinnert er sich später. Der Sänger Gabalier wird immer wieder beim Bauernbundball auftreten – aber auch Bruder Willi Gabalier ist dort präsent. So gestaltete der Profitänzer, wie auch 2024, immer wieder den traditionellen Auftanz mit über 60 landwirtschaftlichen Schülern aus der ganzen Steiermark.

DER STEIRER, DER FRANZOSE WAR

Andreas Georg Gabalier lautet der vollständige Name des Volks-Rock'n'Rollers, und anders als bei Künstlern wie Udo Jürgens (sein richtiger Name lautete Udo Jürgen Bockelmann), Roy Black (der eigentlich Gerhard Höllerich hieß) oder Andrea Berg (die bürgerlich Andrea Ferber heißt) startete Andreas seine steile Karriere, ohne dass er sich einen Künstlernamen zulegte. Allerdings ist Gabalier auch kein typisch österreichischer beziehungsweise steirischer Name. Hinter ihm steckt eine lange Familiengeschichte, die ihren Anfang in Frankreich nimmt. Andreas Gabalier hat französische Wurzeln, die, wie er einmal erzählte, auf die Zeit der Belagerung von Graz unter Napoleon zurückgehen, Ende des 18. Jahrhunderts. Zwar kam es 1797 zum Friedensschluss und die Trikolore verschwand aus der Stadt. Doch einige Soldaten hatten sich mit steirischen Mädchen und dem einheimischen Wein angefreundet und blieben. So entstand die steirische Linie der Gabaliers. Der Name steht übrigens für einen keltischen Stamm in Gallien.

MIT DEN »ONKELN« AN DIE SPITZE

Dass die musikalische Karriere von Andreas Gabalier schon nach kurzer Zeit rasant Fahrt aufgenommen hat, wäre ohne den Musikmanager Klaus Bartelmuss kaum denkbar gewesen. Der Kontakt zu ihm kam über familiäre Bande zustande. Andreas' Onkel Manfred aus der Obersteiermark war nicht nur ein Schulfreund von Bartelmuss, sondern arbeitete auch in dessen Firma, ein auf die Optimierung von Karton-, Tissue-, Zellstoff- und Papiermaschinen spezialisierte Technologieunternehmen. Auch Andreas' Mutter Huberta kannte den Manager aus Jugendtagen, sie war mit ihm in derselben Clique gewesen. Onkel Manfred jedenfalls machte

Klaus Bartelmuss auf das junge Talent aufmerksam und nahm ihn mit auf eines der Konzerte. Als ihm Andreas vorgestellt wird, ist der Geschäftsmann zunächst wenig begeistert. »Ich hab mir nur gedacht: ›Um Gottes Wille‹«, erzählt er der *Kronen Zeitung*. Doch als er die Musik anhört, glaubt er, dass das doch etwas werden könne.

Der Manager fährt zweigleisig, was das Geschäftliche anbelangt. Da ist zum einen die 1967 gegründete Firma in der steirischen 700-Seelen-Gemeinde Teufenbach, die er zusammen mit seinem Bruder nach dem Tod des Vaters 1981 übernommen hatte. Der Vater hatte die Firma seinerzeit mit umgerechnet 7500 Euro gegründet, so heißt es in der Firmengeschichte. Seit 2012 ist Bartelmuss der alleinige Eigentümer der international aufgestellten Firma.

Mit dem nötigen Kleingeld versehen, fuhr der Steirer Geschäftsmann ab 1994 auf einem zweiten Gleis: als Musikmanager. Seit seiner Jugend hatte er selbst musikalische Ambitionen, hörte Rockmusik, sehr zum Ärger seiner Eltern. Er sollte erst einmal was »G'scheites« lernen, also wurde er Maschinenbauer. Später schrieb er eigene Songs, spielte auf dem Dachboden elektrische Gitarre, wollte sich beweisen, dass alles geht, wenn man es will – obwohl er oft zu hören bekam: »Lass die Finger von der Musik!«

Sein Mitarbeiter Nikolaus Presnik war da anderer Meinung und half ihm beim Einspielen einer CD mit seiner Musik. Als Gegenleistung förderte der Manager seinen Angestellten, der heute als Nik P. bekannt ist und mit »Ein Stern, der deinen Namen trägt« eines der erfolgreichsten Lieder der deutschen Charts geschrieben hat. Es dauerte aber acht Jahre, bis die Version von DJ Ötzi populär wurde. 1994 gründete Bartelmuss in einem alten Stall seiner Eltern dann »Stall Records«. In einem Interview von 2017 rechnete der Manager vor, dass er 60 Prozent seiner Zeit für die Industriefirma arbeite, 40 Prozent für die Musik.

Als Bartelmuss schließlich Andreas Gabalier unter seine Fittiche nimmt – im Auftrag von dessen Onkel, dass er »ein bisschen auf seinen Neffen schauen« soll –, stellt er ihm für PR-Aufgaben Sepp Adlmann zur Seite. Seine Firma »Adlmann Promotion« hat Superstars wie Peter Maffay (»Über sieben Brücken musst du gehn«), Andrea Berg (»Du hast mich tausendmal belogen«), Nik P. (»Ein Stern, der deinen Namen trägt«), Claudia Jung (»Alles was du willst«), Die Edlseer (»Madonna Mia«) und Steirerbluat (»I will leb'n«) als Kunden. Und von nun an auch Andreas Gabalier. Die »Schlagermaschinerie« hat ihren Sitz übrigens nicht in der österreichischen Hauptstadt Wien, wie man vielleicht glauben könnte, sondern in der Steiermark, in der Marktgemeinde Deutschfeistritz bei Graz mit gerade einmal 4400 Einwohnern. Bei der »Full-Service-Agentur« – Motto: »Wir wissen, wo die Musi spielt« – laufen nach eigenen Angaben sämtliche Fäden zusammen, die es braucht, um eine erfolgreiche Veranstaltung auf die Beine zu stellen und die Künstler auf die Bühne zu bringen. Andreas Gabalier wird bei der Agentur als Exklusivkünstler geführt, über ihn kann man auf der Firmen-Website lesen, Authentizität sei seine Stärke. Gigantische Bühnenbilder und eine internationale Showinszenierung böten ihm immer wieder den professionellen Rahmen, der den Vergleich mit internationalen Weltstars nicht zu scheuen brauche. Sepp Adlmann ist als erfolgreicher Tourmanager von Gabalier auch für dessen Erfolg mitverantwortlich, indem er die Auftrittsmöglichkeiten schafft.

Doch Klaus Bartelmuss und Sepp Adlmann sind für Andreas nicht nur Geschäftspartner, sondern auch eine Art Vaterersatz. Klaus und Sepp seien für ihn über die Jahre zu echten

Freunden geworden, sagt er über seine beiden wichtigsten Partner, die er auch »Onkel Klaus« und »Onkel Sepp« nennt. »Väterliche Freunde« meint dazu Manager Bartelmuss.

HITS AUS DER DACHKAMMER

Andreas Gabalier soll Anfang 2009 erstmal in ein professionelles Tonstudio, um dort sein erstes Album aufzunehmen. Manager Bartelmuss schickt den Steirer aber nicht nach Wien, sondern nach Berlin, ins Studio von Mathias Roska. Der Starproduzent hat an Alben mitgearbeitet, wie Juliane Werdings »Es gibt kein zurück«, Max Raabe »präsentiert Superhits« oder Brunner & Brunner »Mitten im Meer«.

Er habe einen neuen Künstler unter Vertrag, das sei eine spannende Geschichte, kündigte Andreas' Manager Klaus Bartelmuss per Telefon dem Produzenten Roska an. Die beiden verstanden sich auf Anhieb, das gegenseitige Vertrauen wurde schon mal mit einer Dose Bier besiegelt. Im Studio wurde dann »So liab hob i di« eingespielt, Hitproduzent Roska kümmerte sich um die musikalischen Arrangements. Andreas blieb in Berlin, verzichtete auf ein schickes Hotel, in dem sein Management ihn eigentlich unterbringen wollte, und wohnte stattdessen drei Wochen in einem Zimmer im Dachgeschoss über dem Tonstudio. Noch im Stil der 60er-Jahre mit Sideboard und Lounge-Chairs ausgestattet. Andreas fand es nach einem anstrengenden Studio-Tag einfach sehr bequem, nur noch die Treppe hochzugehen und ins Bett gehen zu können.

In dieser Zeit entstanden die Songs für das Debütalbum *Da komm' ich her* – und von da ab werden die Alben von

Andreas Gabalier in Berlin eingespielt. Zudem ist Produzent Roska nun auf den Touren mit dabei. In einem Video von 2019 erklärt er, wie ein Song von Andreas entsteht: Er nimmt ein Demoband auf und schickt es nach Berlin oder »bastelt« am Computer etwas zusammen und sendet es im MP3-Format. Immer häufiger komme es auch vor, dass Andreas ihm etwas vorsinge, live über das Handy.

Vor der Tour besprechen die beiden, welche Lieder gespielt werden sollen, wie man sie interpretieren will, mit welchen Arrangements. Mal als Ballade, mal als Rocknummer. Die Zusammenarbeit ist inzwischen längst in eine Freundschaft übergegangen, hat man doch die gleichen musikalischen Vorbilder. Andreas' Erfolg, sagt Mathias »Matze« Roska, komme daher, dass es echte »handgemachte« Musik sei, die Leute würden das spüren. Das komme sowohl live auf der Bühne als auch bei den Alben rüber.

2017 allerdings musste das Erfolgsduo eine Zwangspause einlegen: Roska musste ein Blutgerinnsel von der Größe eines Tennisballs aus dem Kopf entfernt werden. Für Gabalier war die Nachricht natürlich ein Schock. Doch Roska hatte Glück und erholte sich gut. Und auch das Gitarrespielen klappte bald wieder. Einige Zeit später konnte er wieder mit Andreas auf der Bühne stehen.

DA KOMM' ICH HER

Die Erfolgsgeschichte von Andreas Gabalier beginnt mit seinem Album von 2009 mit dem Titel *Da komm' ich her*. Auf dem Cover sitzt er vor einer Seenlandschaft, spielt in Lederhosen die »Quetsch'n« und schaut verträumt in die Ferne. Nur von der späteren Rockabilly-Frisur ist noch nichts zu sehen. Heimat ist für Andreas Gabalier etwas Schönes, vertraute Umgebung, Familie und Freunde.

Seine Familie lebt in Graz, der Hauptstadt des österreichischen Bundeslandes Steiermark. Die ersten Lebensjahre verbringt Andreas in einer kleinen Wohnung im Stadtbezirk Eggenberg. Sein Vater Wilhelm Gabalier hatte in Graz ein Studium der Architektur begonnen, aber abgebrochen, als das erste Kind kam. Er arbeitete als technischer Bauzeichner und war später für verschiedene Baufirmen im Außendienst tätig. Mutter Huberta war eines von fünf Kindern und wuchs auf dem elterlichen Bauernhof in Neumarkt in der Obersteiermark auf. Nach dem Abitur (österreichisch: Matura) besuchte sie die Berufspädagogische Akademie des Bundes in Graz und machte einen Abschluss als Hauswirtschafts-Lehrerin. Danach arbeitete sie in diesem Beruf unter anderen an einer Schule der Caritas. Kennengelernt haben sie sich in Graz beim Studieren, der Papa war wegen seines Architekturstudiums aus Kärnten nach Graz gekommen, erinnert sich Andreas an die Liebesgeschichte seiner Eltern, die sich in den 1970er Jahren bei abendlichen Lokalrunden nähergekommen sind. Die Familie wächst: Im September 1981 kommt der älteste Sohn Wilhelm zur Welt. »Willi« wird später eine Karriere als Tänzer auf dem Parkett machen, tritt 2013 bei *Dancing Stars* in Österreich auf, im Jahr darauf bei *Let's Dance*, einer deutschen TV-Show. Seit 2010 tanzt Willi Gabalier mit Christiana Leuthner, 2011 kamen die beiden auf den fünften Platz bei der Austrian Professional Championship in Bad Ischl. 2015 heiratete er Christiana, mit der er in einem selbst renovierten alten Bauernhof in der Steiermark wohnt. Andreas

Gabalier kommt im November 1984 auf die Welt, fünf Jahre später die Schwester Elisabeth und wiederum neun Jahre später der kleine Bruder Toni.

SKORPION MIT SCHMÄH

Andreas Gabalier ist am 21. November 1984 geboren. Der Geburtsort: die Schnellstraße B317 in Kärnten. An diesem Mittwoch waren die Eltern, 27 und 28 Jahre alt, nach einem Besuch bei den Schwiegereltern mütterlicherseits unterwegs zu Verwandten am Wörthersee. Ein Krankenhaus war nicht in erreichbarer Nähe, als die Wehen einsetzten: Der spätere Star der Volksmusik wurde auf dem Pannenstreifen der Landstraße geboren. Und zwar um 13:13 Uhr. Eine schöne Geschichte. Aber ist sie auch wahr? Seine Mutter, die es wissen müsste, meint jedenfalls im *Andreas Gabalier Magazin*, die Geschichte sei ein »Schmäh« vom Andreas, also erfunden. Der sei bei der Geburt übrigens 54 Zentimeter groß und 3,6 Kilo schwer gewesen.

Andreas ist ein waschechter Skorpion, was das Sternzeichen anbelangt. Damit reiht er sich ein in die Reihe von Prominenten, die ebenfalls im November geboren sind: die Sängerin Julia Roberts (*28.10.67) etwa, der Schauspieler Leonardo DiCaprio (*11.11.74) oder Hollywood-Star Anne Hathaway (*12.11.82). Als typische Eigenschaften eines im Sternzeichen Skorpion Geborenen gelten einerseits Fleiß, Zielstrebigkeit, Leidenschaft und die Verschwiegenheit. Andreas Gabaliers Werdegang als erfolgreicher Musiker spiegelt tatsächlich eine Zielstrebigkeit und einen Fleiß wider, ohne die er es wohl nicht auf die Showbühnen dieser Welt gebracht hätte. Denn für den jungen Musiker aus Österreich stand die Leidenschaft für seine selbst getexteten und selbst komponierten Songs an erster Stelle. Andererseits sagt man Skorpionen nach, eifersüchtig, nachtragend, misstrauisch, jähzornig oder verschlossen sein zu können. Im Fall von Andreas darf man das aber sicher nicht allzu wörtlich nehmen: Zumindest »verschlossen« – oder auch introvertiert – trifft auf ihn sicherlich nicht zu, jedenfalls nicht, wenn er auf der Bühne steht, losrockt und das Publikum zum Tanzen bringt.

STEIRISCHER MANN VON WELT

Da komm' ich her – der Titel des ersten Albums von Andreas Gabalier bezieht sich auch auf das österreichische Bundesland, in dem er aufgewachsen ist: die Steiermark im Süden Österreichs. Dort ist es bergig, es gibt viele Wälder, guten Wein, Heilquellen und Burgen. Die Landeshauptstadt Graz liegt am Fluss Mur und bietet architekturhistorisch eine Mischung aus Renaissance und Barock, dazwischen moderne Bauwerke, wie etwa die Murinsel – eine künstliche Insel aus Glas und Stahl. Für die Moderne steht auch das futuristisch anmutende Kunsthaus, ein Museum zeitgenössischer Kunst. Das flächenbezogen zweitgrößte, der Einwohnerzahl nach das viertgrößte Bundesland Österreichs, gilt auch als das »grüne Herz« der Republik und ist umgeben von den Bundesländern Kärnten, Salzburg, Oberösterreich, Niederösterreich und dem Burgenland. Im Süden liegt die Grenze zur Republik Slowenien. In der Steiermark leben 1,2 Millionen Einwohner, in der Landeshauptstadt Graz 280 000. Die Steiermark wird in Werbeprospekten auch gerne als »Feinkostladen Österreichs« bezeichnet, in dem vom alpinen Grünland bis zu den Weinbergen im Süden, Westen und Osten bis hin zu den Spezialkulturen (etwa die Steirische Käferbohne) eine große agrarische Vielfalt herrscht. Als steirische Genuss-Aushängeschilder gelten das Backhendl, das Kürbiskernöl, Käferbohnen und Weine und Schnäpse der Winzer und Obstbauern. So ist die Steiermark das größte Apfelanbaugebiet Österreichs. Die Äpfel werden zu Apfelessig oder Most verarbeitet oder wandern in den Apfelstrudel.

Auch Andreas ist übrigens ein Genießer, was das Essen anbelangt. Das Dry-Aged-Steak, eines seiner Lieblingsgerichte, soll mindestens sechs Wochen alt sein und wird dann noch gerne 14 Tage in eine Olivenöl-Marinade eingelegt. Zu seinen Leibspeisen gehört auch die gebratene Forelle, zubereitet wie einst von seiner Oma, die eine Forellenzucht auf dem Bauernhof hatte. Dort hätten sie schon als Kinder Forellen aus dem Bach geholt, erinnert sich Andreas an diese unbeschwerte Zeit. Das Gericht war ein Familienklassiker, den er auch heute noch gerne kocht. Den grünen Salat dazu mag er aber ohne das berühmte Kernöl. Was dagegen nicht fehlen darf im Vorratsschrank des Volks-Rock'n'Rollers: Kohlrabi, selbst gemachter Senf und – Babykarotten! »Davon kann ich nie genug bekommen«, erklärte er im *Andreas Gabalier Magazin*.

Steiermark, das sind natürlich auch die Berge, die Andreas ans Herz gewachsen sind und in die er sich zurückzieht, wenn er eine Auszeit vom hektischen Tournee-Betrieb braucht. Der familiäre Hausberg des Sängers ist der Zirbitzkogel südlich des Oberen Murtals an der Grenze zu Kärnten. Dort, bei Mühldorf, lag der Bauernhof der Oma. Besonders vor den ersten Konzerten und vor großen Auftritten in ausverkauften Stadien hat Andreas auf dem Berg eine Kerze angezündet, verbunden mit der Bitte, dass alles gut gehen möge. Über das Bergsteigen erzählte Andreas: »Das gibt mir einfach sehr viel.« Es sei schon immer eine Leidenschaft von ihm gewesen, er gehe gerne in die Berge, ob mit Tourenski, Wanderschuhen oder Kletterausrüstung. Seit seiner Jugend führt er auch ein Bergsteigerbuch mit den Gipfeln, die er bestiegen hat. Von denen hat die Steiermark etliche zu bieten. So findet sich zwischen dem Ennstal und dem Salzkammergut der imposante Grimming, den man lange Zeit für den höchsten Berg der Steiermark gehalten hat, tatsächlich ist er nur 2351 Meter hoch und bildet den östlichen Ausläufer des Dachsteinmassivs. Dort befindet sich der Hohe Dachstein. Er ist mit seinen 2995 m nicht nur der höchste Berg der Steiermark, sondern auch von Oberösterreich. Wer den Gipfel erreichen möchte, muss schon etwas geübt sein und über Klettererfahrung verfügen. Der Aufstieg führt über drei Gletscher, man sollte nur mit einem erfahrenen Bergführer gehen. Wie gefährlich der Berg sein kann, zeigte sich am Ostermontag, den 10. April 2023. An diesem Tag stürzte ein Freund von ihm, der Bergretter war, 100 Meter tief und starb. Andreas war über dessen Tod schockiert. Die beiden kannten sich von Kindesbeinen an. Der 45-jährige Obmann der Trachtenkapelle Ramsau am Dachstein war auch öfter bei Konzerten des Volksmusikers aufgetreten.

Dass Andreas Gabalier so großen Erfolg mit seinen Auftritten hat, dürfte auch etwas damit zu tun haben, dass er spricht, wie ihm der Schnabel gewachsen ist – also mit steirischem Akzent. Der Volksmusiker fühlt sich geschmeichelt, wenn deutsche Fans seinen Dialekt imitieren. Wenn ein Berliner im steirischen Dialekt mitsinge, sei eigentlich alles erreicht, erzählte Andreas dem Magazin *Playboy*. Das gelte auch, wenn bei den Konzerten in Berlin oder Hamburg die Leute zu Tausenden in Dirndlkleid und Lederhose kämen. Der steirische Dialekt, so viel ist klar, unterscheidet sich deutlich von der sogenannten Schriftsprache. Er gilt als Ausdruck einer starken Landesidentität: Die Steirer stehen zu ihrem Dialekt, so wie auch Andreas. Wenn sprachliche Anpassungen dennoch teilweise stattfinden, hat das etwas mit dem Tourismus zu tun, in den Speisekarten der Wirtshäuser wird heute vermehrt auf die Schriftsprache gesetzt.

In seinem Lied über das »Steirerland« besingt Andreas seine Heimat – und das natürlich im Dialekt. »Respekt, ganz stoarke Nummer«, lautete ein Kommentar unter dem YouTube-Video.

Dass Andreas mit seinem Dialekt andere begeistern kann, zeigt sich auch in folgender Geschichte. Er war vom Musiksender MTV 2016 zur »Unplugged«-Konzertreihe eingeladen worden. Mit dabei: Die berühmte Opernsängerin Anna Netrebko. Zusammen standen sie in einem Wiener Aufnahmestudio vor dem Mikrofon, um gemeinsam den Gabalier-Hit »Amoi seg' ma uns wieder« in einer symphonischen Version mit großem Orchester aufzunehmen. Als Andreas ihr erklärte, er wolle das Lied doch im Dialekt singen, war sie zunächst sehr erstaunt. Aber dann hat sie extra für ihn den Text in Mundart gelernt. Das Duett kann man sich auf seinem Album »MTV Unplugged« anhören. Bei der Aufnahme hatte Andreas natürlich eine Lederhose an – und ein weißes Hemd, ein weißes Jackett und eine weiße Fliege!

DUNKLE ZEIT

2008 schrieb Andreas Gabalier ein Lied, mit dem er seine wunde Seele zu heilen versuchte: »Amoi seg' ma uns wieder«. Der Text erzählt davon, dass für uns alle das Schicksal die Zeit bestimmt, wann wir von dieser Erde zu gehen haben. Es geht um das Ende des Lebens. Doch der Refrain des Liedes macht Hoffnung und gibt Trost: »Amoi seg' ma uns wieder, amoi schau i a von obm zua« (Einmal sehen wir uns wieder, einmal schau' ich auch von oben zu). Mittlerweile wird dieses Lied gerne bei Trauerfeiern und Beerdigungen gespielt.

Geschrieben hat es Andreas in der Zeit, als er sich auf eine Alm in der Nähe seiner Großmutter zurückgezogen hatte, um mit sich allein zu sein. Der Anlass dafür waren zwei schreckliche Schicksalsschläge, die er und seine Familie erleiden mussten: der Selbstmord des Vaters und der Schwester.

Die Familie Gabalier, so erzählt es Andreas später, sei eigentlich nahezu eine Vorzeigefamilie gewesen, das Zusammenleben harmonisch und der Vater immer ein fröhlicher Mensch. Umso entsetzlicher und unerwarteter, was in der Nacht vom 1. auf den 2. August 2006 passierte: »Vor seinem Haus übergoss sich in der Nacht auf gestern ein 52-jähriger Grazer mit Benzin – und zündete sich dann an«, erschien am Tag darauf eine Meldung in einer Grazer Lokalzeitung. Der vierfache Vater hatte mit 52 Jahren den Freitod gewählt, er starb eine halbe Stunde nach seiner Einlieferung ins Krankenhaus durch die alarmierte Feuerwehr an seinen schweren Verbrennungen.

Andreas war bei diesem schrecklichen Ereignis nicht zu Hause, er jobbte damals wie jeden Sommer am Wörthersee.

Willi, der älteste Sohn der Familie, damals fast 25 Jahre alt, musste die schwere Aufgabe übernehmen, die Angehörigen über den Tod des Vaters zu unterrichten.

Der Freitod des Vaters bleibt rätselhaft, es habe keine Vorzeichen und auch keinen Abschiedsbrief gegeben. Am 9. August wird er auf dem Friedhof in Graz beigesetzt. Während sich die Mutter in ihren Glauben zurückzieht, übernimmt Willi, der älteste Sohn, die Rolle des Familienoberhauptes. Andreas versucht, mit dem schrecklichen Ereignis klarzukommen: Er beginnt zu laufen, oft stundenlang, und verliert an Gewicht. Er jobbt in diversen Bars und Wirtshäusern. Die Oma aus der Steiermark kommt immer öfter nach Graz, um der Familie im Haushalt zu helfen und Halt zu geben. Die Bande zwischen Andreas und seiner Oma werden enger: Sie brachte ihm bei, dass man alles verlieren könne, nur die Heimat nicht.

Die Erfahrung des Suizids verfolgt Andreas bis in den Schlaf: Es gehe dabei immer um den gleichen Traum, manchmal spiele der in Kärnten, manchmal in der Küche, manchmal im Garten. Aber der Inhalt sei eigentlich immer derselbe: »Bitte tu's nicht. Tu's nicht noch einmal«, erzählt er in einem Interview im Jahr 2015. Eine Antwort auf die quälende Frage nach dem »Warum« hat er freilich nicht finden können. Es bleibe dieses Unverständnis, wo man sich den Kopf zerbreche und weine, bis man keine Tränen mehr habe. Nicht nur, dass der Vater nicht mehr da ist. Auch das zu Hause, die Gemütlichkeit, das Beisammensein – das habe alles aufgehört.

Zwei Jahre nach dem Freitod des Vaters erschüttert ein weiteres Ereignis die Familie: Auch die kleine Schwester Elisabeth begeht mit 19 Jahren Selbstmord, überschüttet sich ebenfalls mit Benzin und zündet sich an. Am Vortag hatte sie mit ihrem Bruder Willi und der Mutter Huberta noch einen

Waldspaziergang unternommen, ein fröhlicher Familienausflug. Der Tod des Vaters war an diesem Tag kein Thema, doch Elisabeth hatte sehr unter diesem Verlust gelitten und sich immer mehr in sich zurückgezogen. Die Schwester war ein typisches »Papa-Kind«, so ihr großer Bruder Willi, für sie sei sein Tod eine große Kränkung gewesen. Sie habe sich oft gefragt, warum er ihr nichts gesagt hatte, warum es keine letzten Worte gegeben hatte, warum jede Botschaft ausgeblieben war. 2007, nachdem sie eine Ausbildung zur Krankenschwester begonnen hatte, erschien sie wieder lebensfroher. Freilich ein Trugschluss.

Andreas versuchte, den erneuten Schicksalsschlag wieder in den Bergen zu verarbeiten, und die Musik half ihm dabei. Er dachte viel über das Warum nach, über das Leben nach dem Tod und die Frage, ob es ein Wiedersehen gebe. Und irgendwann beim Berggehen ist ihm dann die Zeile »Amoi seg' ma uns wieder« eingefallen und er hat den Text niedergeschrieben. Danach fiel es ihm am Anfang schwer, diese Zeilen auch auf der Bühne zu singen, fing auch manchmal dabei zu weinen an. Das Lied berührt die Zuhörer auf eine ganz besondere Art.

Im Mai 2014 wurde »Amoi seg' ma uns wieder« sogar auf einer Bühne im südafrikanischen Johannesburg gesungen – von dem Sänger Xavier Naidoo als Gastgeber der von Vox produzierten Fernsehsendung *Sing meinen Song – das Tauschkonzert*. Das Konzept der Sendung: Sieben deutschsprachige Sänger aus verschiedenen Genres wie Rock, Pop oder Jazz kommen an einem abgelegenen Ort zusammen. Jeder der ersten sieben Abende, die aufgezeichnet werden, ist einem der Musiker gewidmet. Die anderen sechs Interpreten singen jeweils in ihrem eigenen Stil ein Lied von ihm als Coverversion vor, mit Bandbegleitung, aber ohne weiteres

Publikum. An diesem 6. Mai wählte Naidoo Gabaliers »Amoi seg' ma uns wieder«. In seiner Interpretation kam er in Österreich auf Platz 3 und in Deutschland auf Platz 12. »Es gibt keinen einzigen Sänger im deutschsprachigen Raum, der bei diesem Song außer Andreas Gabalier genauso so eine krasse Gänsehaut erzeugen kann wie Xavier«, lautete dazu ein Kommentar auf YouTube. Die Presse lobte, so viel echte Emotion sehe man sehr selten im deutschen Fernsehen. In der dritten Ausgabe der Vox-Show *Sing meinen Song* habe Xavier Naidoo mit seiner Interpretation von Andreas Gabaliers selbst geschriebenem Lied »Amoi seg' ma uns wieder« das gesamte Set zum Weinen gebracht. Auch Andreas konnte die Tränen nicht unterdrücken. Sein Bruder Willi, der die Sendung zu Hause am Bildschirm sah, erzählte: Wenn man dieses traurigschöne Lied auf einmal von einem anderen höre und sehe, wie der kleine Bruder dabei mit seinen Gefühlen ringe, treffe einen das sehr.

DIE PLAYLIST DES ALPEN-ROCKERS

Während sein eigener Musikstil klar definiert ist, ist Andreas Gabaliers Musikgeschmack breit gefächert. Seine Lieblingslieder könnten unterschiedlicher nicht sein. Da ist zum Beispiel die griechische Sängerin Nana Mouskouri mit »Lieder, die die Liebe schreibt«, das er oft im elterlichen Wohnzimmer gehört hat. Auch Udo Jürgens steht auf der Liste, mit »Immer wieder geht die Sonne auf«. Dieses positive Lied kennt Andreas von Familienfeiern, es wurde bei Taufen oder Firmungen gespielt. Tina Turner mit »Simply the best« hat ihn mit ihrer Energie fasziniert. Auf der Bühne nimmt er sich daran ein Beispiel. Elvis Presley – »Love me tender« – kennt Andreas von seinen Großeltern. Mit seiner eigenen Interpretation des Kings hat er während eines Skikurses schon mal versucht, einem Mädchen zu imponieren. »Zombie« von den The Cranberries hat er verbotenerweise gehört, als er noch in der Volksschule war – und bekam dafür die Ohren langgezogen. Mit Bruce Springsteen (»Tougher than the rest«) hat er die Liebe zu Flanellhemden gemeinsam. Als Musical-Fan war Andreas bei »Der König der Löwen« zu Tränen gerührt, »Der ewige Kreis« gehört zu seinen Lieblingsliedern. Und er mag Schmusesongs wie »The Power of Love« von Jennifer Rush, »To love somebody« von Michael Bolton oder »I will always love you« von Whitney Houston. Der österreichische Musiker Gert Steinbäcker von der Band S.T.S. war mit ein Grund, warum Andreas im Alter von 13 Jahren mit dem Gitarrespielen begonnen hat. Der Text von »A altmodischer Hund« spricht ihm offenbar aus der Seele (»Musik aus'n Bauch wo nu wirklich wer spüt dir«).

DER ALPHA UND SEINE OMEGA

Im Februar 2012 erhielt Andreas Gabalier in Hamburg für 100 000 verkaufte CDs von seinem *Herzwerk*-Album eine Goldene Schallplatte. Die Feier fand im Theater Kehrwieder, einem ehemaligen Tabakspeicher in der historischen Speicherstadt, statt. Mit diesem Erfolg außerhalb von Österreich hatte er nicht gerechnet. Anlass für ihn, sich eine Belohnung zu gönnen: eine neue Armbanduhr. Bis dahin hatte er die Uhr seines Großvaters vom Zirbitzkogel getragen – eine alte »Omega« –, er bekam sie mit acht Jahren in der zweiten Klasse der Volksschule geschenkt. Andreas war schon als Kind ein kleiner Uhren-Fan und zerlegte neugierig so manchen Wecker, die er allerdings nie wieder zusammenbaute. Omega-Uhren wie die vom Opa stammen von einem Schweizer Uhrenhersteller, der Armbanduhren im gehobenen bis hohen Preissegment fertigt, die Firma wurde im Jahr 1848 gegründet. Auch die Filmfigur James Bond hat in *GoldenEye* schon mal eine Omega-Uhr getragen, freilich zusätzlich ausgestattet mit Laser und Fernzünder. In seine Opa-Uhr hat Andreas dessen Geburts- und Sterbedaten eingravieren lassen und er trägt sie zu feierlichen Anlässen wie Weihnachten oder Hochzeiten. Sie zu verkaufen, daran hat er nie gedacht.

Auch die neue Uhr sollte eine Omega sein. Für deren Anschaffung Andreas dann aber aufgrund der vielen Termine keine Zeit fand. Dass er sie aber dann doch bekam, hat er seinem Manager Klaus Bartelmuss zu verdanken. Der schenkte sie ihm – als Zeichen ihrer Freundschaft. Andreas trägt sie übrigens meist am rechten Arm, außer bei seinen Konzerten. Da legt er sie ab: Weil er sehr wild über die Bühne tobe und stark schwitze, habe er Angst, sie bei seinen Auftritten zu ruinieren, erzählte er einem Journalisten. Die neongelbe G-Shock, mit der er schon in Konzert-Aktion gesehen wurde, scheint da robuster zu sein.

FIT FÜR DEN GIPFELSTURM

Wenn Andreas auf der Bühne steht, wird klar, der Mann macht etwas für seine Muskeln. Sein Fitnesscoach Daniel Gildner erzählt, dass er den Andreas zu Beginn des Trainings in einem »superfitten Zustand« übernommen habe. Kein Wunder, ist doch Österreichs Vorzeige-Bodybilder Arnold Schwarzenegger Freund und Vorbild des Alpen-Rockers. Gildner, der Erster im Schwergewicht bei der Österreichischen Meisterschaft 2013 war, bei der Europameisterschaft 2015 auf den zweiten Platz kam und bei der Weltmeisterschaft 2016 den siebten Platz holen konnte, verrät, dass Andreas beim Fitnesstraining sehr ehrgeizig sei. Anders als etwa der Komiker Mario Barth, ebenfalls einer von Gildners Klienten, der mal trainiere und mal eben nicht. So macht der Volks-Rock'n'Roller jeden Tag Sport, zumindest versucht er es, wenn die Umstände es zulassen. Das führt dann zu Schlagzeilen wie Andreas Gabalier trainiere vor jedem Auftritt mit 60-Kilo-Hanteln, und das eine ganze Stunde lang.

Dank des Krafttrainings hat er nicht nur genug Power für die Bühne, sondern auch für sein geliebtes Bergsteigen. Ein Höhepunkt im wahrsten Sinne des Wortes war für ihn die Besteigung des höchsten Gipfel Österreichs, des Großglockners. Lange Zeit stand der Berg mit seinen 3798 Metern Höhe auf der Liste von Andreas, an einem Wochenende im September 2021 war es dann so weit: Gipfelsieg für Andreas Gabalier und seine Seilschaft! Das sei ein absoluter Glücksmoment, es sei eine unfassbare Höhe, man müsse schon hier oben gewesen sein, damit man realisiere, was das für Weiten, was das für steile Abhänge sind, so Andreas neben dem Gipfelkreuz sitzend. Und diesen Gipfelsieg müsse man erstmal sacken lassen, weil es eben Momente im Leben gebe, »die kann man net fotografieren«, die müsse man einfach erlebt haben.

Rauf auf den Berg ging es mit einem Team, das den Aufstieg für die Fernsehsender der österreichischen Zeitungen *Krone* und *Kurier* live übertrugen, nach eigenen Angaben die »höchste TV-Produktion« des Landes. Für Andreas gab es Tipps: Viel mit den Füßen gehen und weniger mit den Händen, kleine Schritte machen, riet ihm einer der Bergführer. Im felsigen Gelände unter dem Gipfel zog Andreas Gabalier dann sein erstes Fazit: Die Luft werde immer dünner. Aufgeben aber gibt es nicht, das hatte er bereits im Vorfeld in einem Interview angekündigt: Er werde nicht auf halbem Weg stehen bleiben. Zwar kam der Volks-Rock'n'Roller ein wenig außer Atem, doch obwohl der Aufstieg anstrengend war, war er schön. Andreas erinnert sich, dass die Oberschenkel sich nicht bemerkbar machten, aber die Lungenflügel, wenn sich da »95 Kilo steirisches Kampfgewicht« hinaufbewegten. Nichtsdestotrotz war Bergführer Wolfgang Schupfer beeindruckt, wie fit Andreas Gabalier doch ist.

Auch wenn er hier mit einer Gruppe unterwegs war, gehe er, so sagt Andreas, auch sehr gerne alleine hoch. Der Berg bedeute für ihn vor allem Stille, da brauche er niemanden zum Reden und auch keine Musik. Umgekehrt braucht er die Berge für seine Musik sehr wohl. In einigen seiner Lieder macht er sie zum Thema, zum Beispiel in »Bergbauernbuam« oder in »Mein Bergkamerad«. Ob er ein meditativer Typ sei, fragt ihn dazu der Reporter. Gabalier: »Nein, ganz sicher nicht!«

EIN LEBENSGEFÜHL, DAS UNTER DIE HAUT GEHT

Die gefühlvollen Lieder von Andreas Gabalier treffen mitten in die Herzen seiner Fans, aber auch seine rockigeren Stücke heizen die Stimmung auf den Konzerten mächtig an. Darüber, woher er Inspiration für seine Musik zieht, wer seine musikalischen Vorbilder sind, gibt Andreas 2015 in einem Presseinterview Auskunft. Man mag überrascht sein oder auch nicht: Es waren die Rolling Stones! Schon sein Vater war ein begeisterter Stones-Fan. Ein »großer Einfluss, ganz klar«, ist für Andreas auch Hubert von Goisern, ein Urgestein der österreichischen Musikszene.

Außerhalb der Musikszene bewundert Gabalier den inzwischen verstorbenen österreichischen Unternehmer Dietrich Mateschitz. Der wurde mit seinem Energiedrink »Red Bull« zum reichsten Mann des Alpenstaates und galt als Marketingspezialist. Auch Andreas hat ja Marketing studiert – und das Gelernte erfolgreich umgesetzt. So ließ er sich den Begriff des »Volks-Rock'n'Roller« als Marke schützen, nach dem Motto seines damaligen Professors: »Besser Erster sein als besser sein.« Auf die Idee kam Andreas übrigens, als die Mädels bei seinen Konzerten reihenweise in Ohnmacht gefallen sind. Das hat ihn an Elvis-Presley-Videos aus den 1950er und 1960er Jahren erinnert. Er hat dann »Volks-Rock'n'Roller« im Internet gegoogelt, es kam aber nichts und das war's. Mittlerweile trägt Andreas den Begriff auch als Tattoo mit sich herum. Und zwar auf der linken Wade. Stechen lassen hat er es sich im September 2012 in einem Tattoo-Studio im Grazer Stadtteil Puntigam. Und weil es so weh tat, soll Andreas währenddessen in eines seiner rot-weißen Taschentücher gebissen haben. Volks-Rock'n'Roll – das sei ein Mix aus traditioneller österreichischer Musik und rockigen Elementen, erklärt Andreas in einem Interview. Zu Beginn seiner Karriere habe es nach einem Überbegriff geradezu geschrien. Mittlerweile, so Andreas, sei Volks-Rock'n'Roll ein »Lebensgefühl«.

Und dann gibt es für Andreas noch jemand, der ihm als Vorbild gilt und sehr wichtig war: seine Oma. Wegen ihrer unglaublichen Bescheidenheit und Selbstlosigkeit. Sie sei immer nur für alle anderen da gewesen. »Ich glaube, das habe ich von ihr,« sagt Andreas. Auch er gibt sehr gerne und kann sich am Schenken erfreuen.

ALPEN-ELVIS TRIFFT TERMINATOR

Andreas bewundert seit seiner Kindheit auch seinen steirischen Landsmann und Superstar Arnold Schwarzenegger. Er habe in unterschiedlichen Sparten bewiesen, dass man alles erreichen könne. Und das zu einer Zeit, als es niemand für möglich gehalten hätte, dass ein »Bua aus der Steiermark« auch nur den Funken einer Chance in den USA hätte, schreibt Andreas in seinem eigenen Magazin.

Und in der Tat ist die Karriere von Schwarzenegger außergewöhnlich. Die ersten Stufen auf der Leiter des Erfolgs erklomm Schwarzenegger als Bodybuilder, einer in den 1950er Jahren in Europa noch wenig bekannten Sportart. Seinen ersten großen Bodybuilding-Wettkampf gewann er 1965 in Stuttgart. 1967 wurde er mit 19 Jahren der jüngste »Mister Universum« aller Zeiten. 1968 wanderte Arnold in die USA aus und gewann nach ausdauerndem Training in den 1970er Jahren eine Reihe von Wettbewerben. Anfang der 1980er Jahre begann die zweite Karriere des 1,88 Meter großen Steirers – diesmal als Schauspieler. 1982 spielte er in *Conan der Barbar* die Hauptrolle, 1984 in dem Science-Fiction-Film *Terminator*, was den Durchbruch in Hollywood bedeutete. Es folgten einige weitere Filme, darunter mehrere *Terminator*-Fortsetzungen. 2003 startete Schwarzenegger seine dritte Karriere – in der Politik. Er kandidierte für das Amt des Gouverneurs von Kalifornien – und gewann die Wahl mit 48 Prozent der Stimmen. 2006 wurde er in diesem Amt wiedergewählt.

Als Schwarzenegger Gouverneur wurde, hat Andreas auf seinem Schreibtisch eine kleine amerikanische Fahne aufgestellt. Kennengelernt haben sie sich dann bei einem Besuch von Schwarzenegger in der Steiermark. Mit dem »Terminator« hat Andreas mittlerweile Freundschaft geschlossen und zusammen haben die beiden einen Song herausgebracht, in dem Schwarzenegger über seine sechs Erfolgsregeln rappt. Diese Erfolgsregeln, erzählt Andreas in seinem Magazin, seien schon immer in Graz auf seiner Toilette gehangen. Es geht darum, seine eigene Vision zu finden, also eine Vorstellung von einem Ziel zu entwickeln. Man solle nicht kleinlich denken, sondern an das große Ziel glauben. Nicht auf die Nein-Sager hören. Hart arbeiten. Keine Angst vor Fehlern haben. Den Anderen etwas zurückgeben.

Es sind seine Disziplin, sein Durchhaltevermögen und die Begeisterung fürs Leben, die Andreas an Arnold Schwarzenegger besonders schätzt, sagt er in einem Interview.

KARRIERESPRUNGBRETT MUSIKANTENSTADL

Fernsehen – das ist für die Karriere von Schlagersängern so ähnlich, als ob man von einem Mofa auf einen Ferrari umsteigt. Ein kleiner Druck auf das Gaspedal genügt, um einen gewaltigen Sprung nach vorne zu machen. Am Samstag, den 18. April 2009, war es für Andreas so weit: Er trat zum ersten Mal im Fernsehen auf, im Musikantenstadl mit Andy Borg. Der stand an diesem Abend in Tulln an der Donau mit einem hellblauen Anzug und gelben Strohhut auf der Bühne und kündigte den künftigen Star so an: Er sei noch nie in einer Fernsehsendung gewesen und habe ein Lied geschrieben, das ihm aus dem Herzen spricht. Er habe diesen Titel selber komponiert und selber getextet und er singe ihn auch selber in seinem ersten Fernsehauftritt überhaupt. Das Lied war »So liab hob i di«. In der großen Halle sind die ersten Klänge der Gitarre zu hören, die Musik hebt an und Andreas ist auf der Bühne im Rampenlicht zu sehen: Auf einem Barhocker sitzend singt er in kurzer Lederhose, weißem Hemd und Halstuch sein Lied, das Haar ist noch brav nach vorne gekämmt. Als das Lied vorbei ist, verneigt er sich vorm Publikum und weiß noch nicht, aber ahnt es vielleicht, dass er die Herzen vieler der Zuschauer in der Festhalle und an den Bildschirmen zu Hause für sich gewonnen hat. Es gibt tosenden Applaus und Moderator Andy Borg spricht von einem großartigen ersten Fernsehauftritt, einem wunderschönen Lied im Heimatdialekt, und wenn man nicht jedes Wort verstehe, macht das nichts. Weil: Ein Liebeslied versteht man mit dem Herzen. Das war kurz nach

21 Uhr. Die Sendung erreichte 582 000 Österreicher und drei Millionen Deutsche. »Ich war extrem nervös«, erzählt Andreas später über seinen ersten TV-Auftritt, am Anfang habe er vor lauter Aufregung gezittert und Probleme mit seiner Stimme gehabt.

Ob ihm bewusst war, dass sein Auftritt die Schlagerbranche verändern würde? Die Presse jubelt zumindest, an diesem Abend sei ein neues Kapitel der Unterhaltungsgeschichte aufgeschlagen worden mit dem allerersten TV-Moment des damals kaum 25-jährigen späteren Superstars und Volks-Rock'n'Rollers. Was folgte, war eine der unfassbarsten Storys, die die deutschsprachige Unterhaltung in jüngerer Vergangenheit vorzuweisen habe – mit heftigen Auswirkungen auf alle: den Künstler, das Genre und die Sendung, in der er seine Feuertaufe erlebte, schrieb zwölf Jahre später ein deutsches Nachrichtenmagazin über die Sendung.

Was war geschehen? Die volkstümliche Schlagermusik, wie das im Musikantenstadl vertretene Genre offiziell heißt, hatte jahrzehntelang ein Publikum bedient, das eher deutlich älter als jünger war, und an ihr schieden sich die Geister ziemlich radikal: geliebt und mitgeschunkelt von den einen, gehasst von den anderen. Der Musikantenstadl, der ab 1981 vom österreichischen Fernsehen mit dem damaligen Moderator Karl Moik ausgestrahlt wurde, war die mediale Heimstadt dieser Musikrichtung, die zwar immer schon im Schatten der Hits aus Rock und Pop stand, deren Verkaufszahlen aber keineswegs dahindümpelten, sondern beständig vom Publikum genährt wurden. Mit »Jetzt geht die Party richtig los« begann 1984 der Musikantenstadl, während Maderln und Buam in Lederhosen, Tracht und Dirndlkleid hereinmarschierten. Zur gleichen Zeit etwa schwappte die Punk-Bewegung aus England nach Europa und Teile der großstädtischen

Jugend hörten die Sex Pistols. Eine recht eindrückliche Trennung der Generationen und Musikgeschmäcker.

In der traditionellen Volksmusik tat sich jahrzehntelang wenig, was Publikum und öffentliche Resonanz anbelangte. Doch über die Zeit kam Bewegung in das Genre, es entwickelte sich eine andere Volksmusik, die sich vom konservativen, angestaubten Image immer weiter entfernte. Als 2006 Andy Borg das Volksmusik-Urgestein Karl Moik beim Musikantenstadl ablöste, erzeugten Musiker wie Hubert von Goisern mit den traditionellen Instrumenten neue Töne. Seine Mischung aus Rockmusik mit Elementen traditioneller Volksmusik mache ihn, so heißt es, zu einem der wichtigsten Vertreter der Neuen Volksmusik, genauer: des Alpenrock.

Immer mehr jüngere Leute erfreuten sich an dieser Musik, Dirndl und Lederhosen wurden »in«, zum Beispiel auf dem Münchner Oktoberfest. Der Auftritt von Andreas Gabalier im Musikantenstadl war Teil dieser Veränderung. Und die Wirkung seines ersten TV-Auftritts konnte man kurz darauf an den österreichischen Charts ablesen. Nachdem die Single von »So liab hob i di« wenige Tage nach seinem TV-Debüt am 24. April in den Handel gekommen war, eroberte sie bald darauf den Platz 20 der Austrian-Top-40-Charts. Andreas war auf seinem Weg. Sie seien mit der Idee vom Volks-Rock'n'Roller einfach zur richtigen Zeit gekommen, sagt Andreas in einem Interview über die Anfänge. Damals habe es nach der Finanzkrise viel Unsicherheit gegeben, die Leute hätten sich auf ihr Daheim besonnen, wieder auf alte Werte und Tradition konzentriert. Da sei seine Musik dann genau richtig gekommen.

DAS ERSTE ALBUM

Im Mai 2009 erschien mit *Da komm' ich her* das erste Album von Andreas, es rangierte mehr als 200 Wochen lang in den österreichischen Charts und wurde fünfmal mit Platin ausgezeichnet. Das Album bereitet ihm auch selbst riesengroße Freude, weil es ein kleines Abbild von ihm geworden sei, ein »ewiges Lebenswerk«, beschreibt er seine erste CD. Das Cover-Foto dafür wurde bei einer Wanderung am Zirbitzkogel aufgenommen. Auf dem Album sind 13 Lieder zu hören, darunter »So liab hob i di«, das er kurz zuvor bei seinem ersten Fernseh-Auftritt gesungen hatte. Ein anderes Lied auf der CD trägt den Titel »Meine Heimat«. Darin singt Andreas Gabalier – diesmal aber auf Hochdeutsch –, dass die Heimat sein Lebenselixier sei, sein Ursprung, seine Wurzeln, sein Daheim. In einem Interview hat er genauer ausgeführt, was er darunter versteht, zum Beispiel das Nachhausekommen in ein vertrautes Elternhaus, seine Lederhose oder etwa Brot, das bei ihm zu Hause immer gebacken wurde. An einer anderen Stelle sagt Andreas, er liebe die Natur, die grüne Landschaft, das Wandern und Klettern. Als Reisender, der viel auf Tournee sei, freue er sich auf das Nachhausekommen, auf die vertraute Umgebung mit Familie und Freunden. Und zur Heimat gehörten auch Kindheitserinnerungen. Wenn Andreas über die Heimat singt, meint er es in einem sehr positiven Sinn. Und zu dieser Heimat gehört auch das Bankerl, auf dem er mit seiner Großmutter immer saß. Das hat Andreas in einem weiteren Lied über seine Heimat besungen, veröffentlicht auf seinem dritten Album *Volks-Rock'n'Roller* von 2011. In »Vergiss die Heimat nie« erzählt er von dem Bänkchen, das am Waldrand unter einer Birke steht (»Duat am Woitraund auf da Wiesn, Untam oitn Birknbam, Steht ah Bankal in da Erdn«). Und dort, so geht der Text, hat ihm seine Großmutter aufgetragen, er solle nie seine Heimat vergessen, und bis er wiederkomme, zünde sie eine Kerze für ihn an.

Auch die bewegende Ballade »Amoi seg' ma uns wieder«, ein Lied über die »Obersteirer«, die »Oiwei gschneitz und kamplt« (ordentlich, kernig und groß und stark) sind, und »Auf der Alm«, in dem Andreas über das Gefühl der Freiheit singt, das er dort oben hat, finden sich auf seinem ersten Album.

DER DRAHT NACH OBEN

Zur Heimat gehört für Andreas Gabalier auch das Kreuz an der Wand, so singt er in einem Lied des Albums *Vergiss mein nicht* darüber, dass in einem christlichen Land ein Kreuz an der Wand hängt und er auch an den Petrus an der Himmelstür glaube. In einem Gespräch mit einem Nachrichtenportal hat er erzählt, wie er diese Zeilen meint: Er stamme aus einer gläubigen Familie. Sowohl die Oma als auch die Mutter seien sehr gläubige Menschen gewesen. Er habe jeden Sonntag in die Kirche gehen müssen, auch wenn ihm das nicht immer gefallen habe. Was er hingegen genossen habe, sei die Gemeinschaft und der Zusammenhalt. Der Glaube habe ihm dabei geholfen, über den schrecklichen Tod von Vater und Schwester hinwegzukommen. Und er habe seine Oma immer dafür bewundert, dass sie stets an ihrem Glauben festgehalten hat, egal, was passiert ist: Es habe ihn beeindruckt, zu erleben, wie viel ihr der Glaube gegeben habe.

Auch heute noch ist ihm der Glaube wichtig. Dazu gehört, dass er vor großen Konzerten manchmal eine Kirche besuche, um eine Kerze anzuzünden und damit Danke zu sagen. Und in seiner Bauernstube hänge ein Kreuz an der Wand, im Herrgottswinkel. Es sei eben »schöner, an etwas zu glauben [sic!] als an nichts zu glauben«.

Für Andreas ist der Glaube etwas Positives. Das schließt auch das Symbol seines Glaubens, das Kreuz, ein. Es solle nicht Gegenstand politischer Debatten werden, niemand solle sich dadurch provoziert fühlen. Schließlich sei Österreich ein christliches Land, in dem man dazu stehen könne, ohne dass sich jemand ausgegrenzt fühlen müsse. Im Urlaub erlebe man doch auch die anderen Kulturen, das mache für ihn die Vielfalt aus.

Bei seinen Konzerten trägt Andreas übrigens immer ein kleines Ketterl mit einer Marienfigur daran. Er hat es von einer kleinen Freundin aus der Nachbarschaft geschenkt bekommen. Als er 21 war und das Mädchen fünf oder sechs Jahre alt, verlor auch dessen Familie ihren Vater, fast zeitgleich wie bei Andreas. Das Mädchen sei dann wie seine kleine Schwester geworden. Als Glücksbringer trägt Andreas das Kettchen bei Auftritten in seinen Lederhosen.

IM REKORDTEMPO ZUM ERFOLG

Im Mai 2009 trat Andreas Gabalier beim Vorentscheid für den Grand Prix der Volksmusik im Fernsehen auf und machte den zweiten Platz. Diese TV-Show gab es seit 1986. Sie war von dem Münchner Musikmanager Hans R. Beierlein ins

Leben gerufen worden. Die Idee: Ein jährlich stattfindender Wettbewerb der volkstümlichen Musik, an dem zunächst nur Künstler aus Deutschland, Österreich und der Schweiz teilnahmen. Im Jahr 2000 kam dann auch Südtirol hinzu. 2010 wurde die Sendung allerdings eingestellt, die Einschaltquoten waren zu sehr nach unten gegangen. 2009 fand der Grand Prix am 29. August in den Bavaria Filmstudios in München statt, die österreichische Vorentscheidung zuvor am 30. Mai in Wien. Neben Andreas standen unter anderen die Zillertaler Gipfelstürmer (»I möcht mit dir die Sunn aufgehn sehn«), die Zellberg Buam (»Sing man o oan«), Die jungen Zillertaler (»Drobn aufm Berg«) und Die Grubertaler (»Du darfst beim Autofahrn nit auf die Mädls schau'n«) auf der Bühne. Das Rennen um den ersten Platz machte dann der singende Pfarrer Franz Brei, ein Priester aus Eisenstadt, mit dem Lied »Das Leben«. Andreas kam mit »So liab hob i di« auf den zweiten Platz und war damit auch in München mit dabei. Der Steirer hatte nicht mit so einem guten Ergebnis gerechnet und war überrascht über die Platzierung, es sei eine Ehre, mit dem Lied Österreich vertreten zu können. Beim Grand Prix in München kam Andreas allerdings »nur« auf den achten Platz.

Nichtsdestotrotz: Zu diesem Zeitpunkt hatte Andreas Gabalier bereits alle Weichen für eine musikalische Karriere gestellt: Er hatte einen Vertrag mit Musikmanager Klaus Bartelmuss, wurde von Sepp Adlmann in Sachen Werbung und Auftritte betreut, die musikalischen Arrangements machte Produzent Mathias Roska. Und – er hatte einen Vertrag mit Koch Universal. Das Label Universal ist einer der größten Musikgiganten noch vor Sony Music und Warner Music Group. Die Universal Music GmbH, die deutsche Tochter der Universal Music Group, hat ihren Deutschland-Sitz in Berlin, die Tochter Koch Universal sitzt in München.

Im Sommer 2009 wurde Andreas dann für den »Amadeus Austrian Music Award« nominiert, den größten österreichischen Musikpreis. Der Preis des Verbands der Österreichischen Musikwirtschaft wird seit dem Jahr 2000 alljährlich in verschiedenen Kategorien an nationale Musiker verliehen. Andreas war mit seinem Album *Da komm' ich her* in der Kategorie Album des Jahres, mit dem Lied »So liab hob i di« in der Kategorie Song des Jahres und in der Kategorie Volkstümliche Musik nominiert. Am 10. September war die Preisverleihung, bei der er allerdings leer ausging. Das dürfte aber verschmerzbar gewesen sein, angesichts der Tatsache, dass in diesem Sommer Andreas die Nachricht bekam, dass sich sein Album *Da komm' ich her* über 10 000-mal verkauft hatte. Das bedeutete: die erste Goldene Schallplatte vom Verband der österreichischen Musikindustrie IFPI.

2009 war auch das Jahr mit den ersten großen Live-Auftritten. Neben dem Musikantenstadl und dem Bauernbundball spielt er zum Beispiel am 13. September vor 15 000 Zuschauern in Wien auf dem Heldenplatz zum Erntedankfest, ab dem 1. Oktober tourt er als Vorprogramm mit dem Schlager-Duo Brunner & Brunner durch Österreich und er ist zu Gast bei der TV-Sendung von Hansi Hinterseer.

Andreas Gabalier hatte es also in weniger als einem Jahr geschafft, von seinem ersten Gang mit dem Demoband zum Rundfunk zu einem erfolgreichen Volksmusikanten zu werden. Das sei alles so schnell gegangen, erinnert sich der Steirer später.

MARKENZEICHEN LEDERHOSE

Als Andreas Gabalier 2009 beim Vorentscheid für den Grand Prix der Volksmusik im Fernsehen auftritt und »So liab hob i di« anstimmt, erinnert er noch eher an den Jurastudenten, der er mal war, als an den wilden Volks-Rock'n'Roller, der er werden sollte: Statt gestylter Elvis-Tolle ist sein etwas längerer Haarschnitt eher brav, normal. Er trägt ein weißes Hemd mit aufgeknöpftem Kragen und aufgekrempelten Hemdsärmeln, die verwaschene hellblaue Jeans hat keinen Gürtel, sondern wird von grauen Hosenträgern gehalten. So sitzt und steht er im Rampenlicht auf der Bühne mit dem Mikrofon in der Hand, ein sympathischer Typ, der nette Junge von nebenan. Im kurzen Video seiner Künstlervorstellung, das vor dem Auftritt zu sehen war (und in dem er sich als Jurastudent vorstellt), war er allerdings mit einem anderen Outfit aufgetreten: Während im Hintergrund die steirischen Berge und Almen zu sehen sind und er mit seiner Mutter auf der »Tonnerhütte« auf 1600 Meter Höhe sitzt, trägt er zwar ebenfalls ein weißes Hemd, dazu aber eine kurze Lederhose; das Kleidungsstück, das später zu seinem Markenzeichen wird. Und zwar vor allem das Modell Gamskogel in der Farbe Ahorn. Diese Art Lederhosen stammt nicht aus der Steiermark, sondern aus Bayern, genauer von der Firma Meindl, eine ziemlich traditionsreiche Firma. Das Unternehmen geht nach eigenen Angaben immerhin auf das Jahr 1683 zurück. Die Lederhosen sind Unikate, was sich auch im Preis niederschlägt, man muss dafür schon mal ein paar Tausend Euro hinlegen. Und eine Wartezeit von mehreren Monaten nach der Bestellung in Kauf nehmen. Die Beinkleider bekommen eine sogenannte sämische Gerbung, das ist ein jahrtausendealtes Verfahren. Es braucht viel Erfahrung und viel Handarbeit ist notwendig, um die Rohhäute zu verarbeiten, an die drei bis vier Monate benötigt dazu der Gerber. Um 2014 hatte Andreas vier dieser bayerischen Lederhosen, mit vier Knöpfen am Hosenbund und einer Stickerei, die einen Adler zeigt, der eine Gams in den Klauen hat. Auch weil sie »einen knackigen Hintern« machen, meint Andreas. Ab und zu legt er sie zum Reinigen in die Badewanne und lässt sie dann trocknen, verriet er damals. Sein kleines Geheimnis: Manchmal trägt er zwei oder sogar drei Unterhosen unter der Ledernen. Ihm sei auf der Bühne nämlich immer sehr warm, und das helfe gegen den Schweiß. Bei Auftritten kombiniert er dazu gerne braune Wanderstiefel der Größe 42,5, die Schuhbänder sind offen, was schon mal von der Großmutter kritisiert wird, so gehe man doch nicht aus dem Haus.

Das spätere Outfit von Andreas bei Auftritten setzt ganz auf die rustikale Lederhose, das weiße Hemd bleibt zu Hause. Die Elvis-Tolle kommt zum ersten Mal bei seinem Fernsehauftritt in der Show *Herbstfest der Volksmusik* mit Florian Silbereisen im Oktober 2010 zum Einsatz. Er verrät, dass die Idee dazu eigentlich von den Verantwortlichen der TV-Sendung gekommen war. Damit die Tolle hält, braucht es jede Menge Pomade. Als Gabalier den amerikanischen Spielfilm *O Brother, Where Art Thou?* aus dem Jahr 2000 mit George Clooney sieht (der Film spielt im ländlichen Mississippi des Jahres 1937), stößt er auf »Dapper Dan«. Das ist eine Pomade, die von da an zur Standardausrüstung des Volks-Rock'n'Rollers gehört.

Zur Standartausrüstung in Sachen Styling gehören auch rot-weiß karierte Dreieckstücher. Es ist die Erinnerung an seinen Großvater Anton, einem Kriegsinvaliden, der so ein Tüchlein für viele Zwecke nutze: Taschenmesser putzen etwa oder Äpfel polieren. Gabalier trägt das Dreieckstuch entweder am Oberarm (wenn er sich für ein Achselshirt auf der Bühne entschieden hat) oder am Handgelenk. Die Dinger werden auch gerne als »Nickituch« bezeichnet: quadratische, leichte und oft stilvoll dekorierte Halstücher. Häufig sind Nickitücher 50 mal 50 Zentimeter groß und sie werden typischerweise um den Hals getragen. Das Nickituch ist auch ein beliebtes Accessoire der Trachtenmode-Welt und wird gerne mit einer knackigen Lederhose oder einem Trachtenhemd kombiniert. Ursprünglich sollen solche Tücher von Handwerkern und Arbeitern getragen worden sein. Im Gabalier-Fanshop gibt es aktuell ein derartiges »Tücherl« in der Größe 30 mal 30 Zentimeter aus Baumwolle (»Pflegehinweis: Handwäsche«) für sechs Euro das Stück. Eingekauft hat das Material für die 100 000 rot-weiß karierten Stofftücher übrigens Gabalier-Manager Klaus Bartelmuss in China, wo seine Firma IBS ebenfalls tätig ist.

Zum Outfit des Künstlers auf der Bühne gehört auch sein hölzerner Mikrofonständer, der ein wenig aussieht wie ein Geweih. Angeblich soll Andreas vor einem großen Open-Air-Konzert beim Waldspaziergang einen eigenartigen Ast gefunden haben und hatte sofort die »verrückte Idee«, daraus von einem Schreiner einen Mikrofonständer machen zu lassen, indem an dem Haselnussholz ein Gewinde angebracht wurde. Der *Spiegel* schrieb dazu 2018, sein Mikrofonständer sei ein hölzernes Knorrgebilde mit appliziertem Gamsgeweih, seine ärmellose Weste wirke mit ihren Steppwülsten von weitem wie ein Bauchmuskelimplantat, alles ein »Triumph der Kernigkeit.«

2014 ging Andreas Gabalier übrigens unter die Mode-Designer. In Salzburg zeigte er seine »rockige Tracht« die er in Kooperation mit anderen Herstellern auf den Markt brachte.

Seine Tracht sei rockig und wild und sei ein Mix – so wie ihn auch seine Fans bei den Konzerten trügen, erklärte er dazu.

Privat ist der Schlagerstar allerdings eher in Jeans als der Ledernen unterwegs: Zwar sei er in der Lederhose aufgewachsen, aber habe natürlich auch Jeans und Shorts und freut sich privat sogar immer darauf, diese anzuziehen, weil er eben beruflich viel in Lederhosen stecke, verriet Andreas 2015 in einem Interview.

DIE SONNENBRILLEN

Nachdem erst im Juli Andreas' Freund beim Bergsteigen tödlich verunglückt war, musste der Alpen-Elvis im Oktober 2023 erneut trauern: Sein Freund und Geschäftspartner war im Alter von 63 Jahren gestorben. Andreas hatte in diesem Jahr mit dessen Schmuck- und Optikfirma eine Sonnenbrillen-Kollektion herausgebracht.

Auf die Idee mit einer eigenen Sonnenbrillenkollektion ist Andreas an einem launigen Abend mit Freunden gekommen. Perfekt gestylt und doch lässig sollten die Brillen sein. Anders als die rotweißkarierten Sonnenbrillen aus dem Fan-Shop, die eher zur Gaudi gedacht sind, verkörpern diese modischen Brillen den Stil von Andreas, also eine Mischung von alpinem Lifestyle und der »Coolness von amerikanischen Leinwandhelden«. Aus der Idee wurde Realität, ein Jahr lang arbeitete man zusammen in Graz an den zwölf Modellen. Die Sonnenbrillen des Volks-Rock'n'Rollers seien eine Hymne auf die Liebe zum Leben und das Freiheitsgefühl, das Andreas Gabalier auch in seinen Songs zum Ausdruck bringe, so die Werbung dazu.

»DAHOAM« BEI ANDREAS GABALIER

In Deutschland kennen die Urlauber vermutlich die Ramsau als eine Ferienregion bei Berchtesgaden in Bayern. Doch es gibt auch in der Steiermark eine Ramsau, am Dachstein gelegen, ein 18 Kilometer langes und vier Kilometer breites Hochplateau. Der gleichnamige Ort liegt 400 Meter über dem Ennstal, die Region gilt als traumhaftes Wintersportparadies mit gespurten Langlaufloipen und breiten Winterwanderwegen. Im Sommer bietet das Gebiet jede Menge Rundwanderwege und Mountainbiketouren, zahlreiche Almhütten laden zum Verweilen ein. Und hier finden Bergsteiger auch unzählige Kletterrouten und Klettersteige.

Kein Wunder, dass sich der Bergfreund und Skifahrer Andreas Gabalier in dieser Ecke der Steiermark wohlfühlt. Und sich hier auch niedergelassen hat. In seinem *Andreas Gabalier Magazin* hat der Volks-Rock'n'Roller Einblick in sein dortiges Zuhause gegeben. Es ist der Angererhof, ein 400 Jahre altes Haus, das lange Zeit leer stand und das er von Grund auf renoviert hat. Heute spendet in dem zentralen Raum des Bauernhofes, in der Stube, ein grüner Kachelofen wohlige Wärme im Winter, davor gibt es eine Bank zum Ausruhen. Zum Mobiliar gehören alte Bauerntruhen und rustikale Schränke ebenso wie ein modernes Bad – und der alte Fernsehsessel von Andreas' Oma. Welch ein Unterschied zum ursprünglichen Zustand. Vor zehn Jahren gab es auf dem verlassenen Bauernhof weder fließend Wasser noch Strom. Andreas ließ das Dach erneuern, bei den Holzwänden wurden die morschen Teile ausgetauscht, die Wände trockengelegt und neue Fußböden gelegt. Absolut neu und modern ist die Heizung, die entweder mit Pellets oder Luftwärmepumpe betrieben werden kann. In seinen Angererhof am Dachstein kommt Andreas, wenn er sich von den Touren erholen will oder sich auch nur einfach zurückziehen mag.

Begonnen hatte alles im Winter 2013, als er mit seinem älteren Bruder Willi das Gehöft zum ersten Mal angeschaut hat. Der Bruder spielte bei der ganzen Sache eine entscheidende Rolle, als Student der Kunstgeschichte (neben Geografie und Theologie) hatte er sich alte Bauernhöfe angesehen und dabei den Angererhof in der Gemeinde Semriach entdeckt. »Alte Semriacher Bauernhöfe im Kontext von Kunstwissenschaft und Denkmalpflege«, lautet der Titel seiner Diplomarbeit von 2013 an der Universität Graz. In der Arbeit beschäftigt er sich damit, dass diese Bauten als Folge einer immer größer werdenden Abbruchwilligkeit der Besitzer und Besitzerinnen stark gefährdet seien. Das Ziel seiner Arbeit: »Die kunstwissenschaftliche Erfassung und Analyse der schützenswerten, zu revitalisierenden, manchmal aber leider auch schon abgebrochenen Höfe.«

Beim Angererhof klappte es mit der »Revitalisierung«: Zwar konnte sich Andreas zuerst für das heruntergekommene Haus nicht wirklich begeistern, aber Willi zeigte ihm, wie so ein Bauernhof nach der Renovierung aussehen kann. »Des mach ma«, hat Andreas dann schließlich entschieden. Der ursprüngliche Besitzer war 1994 gestorben und seine vier Kinder wollten das Anwesen verkaufen, die meisten Interessenten aber wollten das alte Gemäuer abreißen und etwas Neues hinstellen. Nicht so Gabalier: Ihm war es gerade wichtig, den Charme des alten Hauses zu erhalten. Heute bietet der renovierte Bauernhof auf 190 Quadratmetern Wohnfläche für den Volks-Rock'n'Roller einen Rückzugsort in seinen geliebten Bergen.

Auch Bruder Willi hat übrigens einen alten Bauernhof gekauft und renoviert: Grabenbauer heißt das 500 Jahre alte Gehöft in der steirischen Marktgemeinde Semriach rund 25 Kilometer nördlich von Graz an der Nordseite des Schöckls (1445 Meter). Willi und seine Frau Christiana hatten 2012 das Bauernhaus erworben, damals ohne Strom- und Kanalanschluss und ohne vernünftige Zufahrt. Dafür gab es jede Menge Zement über der alten Steinmauer. Willi investierte sechs Jahre lang seine Freizeit in das alte Haus, um es – wie er in seiner Diplomarbeit geschrieben hatte – nach historischen Vorbildern zu restaurieren und den Originalzustand weitgehend wieder herzustellen. Das Haus selbst liegt einsam in einem Graben.

Die beiden Gabalier-Brüder bekamen übrigens finanzielle Hilfe für ihre Renovierungsprojekte: 20 000 Euro gab das Land Steiermark, damit der alte Angererhof von Andreas bauhistorisch wieder in Schuss kommt. Auch Bruder Willi bekam für die Revitalisierung seines Bauernhofs in Semriach 20 000 Euro aus dem Landesbudget. Der zuständige Landrat erklärte, die Brüder Gabalier hätten keinen Promibonus bekommen, denkmalrelevante Erneuerungen könnten auch bei wohlhabenden Hausbesitzern gefördert werden. Denkmalschutz ist im Allgemeinen wesentlich teurer als ein Neubau. So hat Andreas die Fenster des Angererhofes mit Windfängen und einem Schmiedeeisen in der Mitte von einem Tischler originalgetreu nachbauen lassen.

Die meiste Zeit verbringt Andreas aber nicht in seinem Bauernhaus, sondern in seiner Wohnung in Graz im Stadtteil St. Peter. Mit 180 Quadratmetern ist sie groß genug für ihn. Sein Wohnzimmer verrät übrigens, dass er auch ein James-Bond-Fan ist: Vor einem Bild von Filmbösewicht »Goldfinger« steht ein riesiger Tisch mit weißen Tulpen. Neben dem

Sofa befindet sich eine Musikbox mit Songs wie »Love me Tender«. Auf einem Regal stehen etliche Bücher mit den Geschichten der »Knickerbocker-Bande«, eine Kinderkrimi-Buchserie. Andreas bekommt sie immer wieder zu Weihnachten oder zum Geburtstag von seiner Mutter geschenkt – und frisst sie regelrecht auf, wie er gesteht.

DIE SACHE MIT DEN BIENEN UND BLUMEN

Der Bauernhof von Andreas Gabalier am Dachstein hat jede Menge Apfelbäume auf dem 4000 Quadratmeter großen Grundstück. Und vor dem Haus hat der steirische Sänger eine 40 Quadratmeter große Blumenwiese für Bienen angesät, dort wird nicht mehr gemäht. Jetzt wachsen da Klatschmohn, Esparsette, Wiesensalbei, Klee, Königskerzen oder Spitzwegerich. Vor Bienenstichen gefürchtet hat er sich noch nie, man dürfe halt nicht mit der Hand herumwedeln. Nur konsequent, dass sich Gabalier auch für die Rettung der Bienen einsetzt, die durch Versiegelung der Böden und immer mehr Wohnbebauung bedroht sind. So engagiert er sich seit 2012 für die Initiative von Manfred Hohensinner, er wurde zum »BioBienenApfel-Botschafter«. Hohensinner, Chef des regionalen Obst- und Gemüseverwerters Frutura in der Steiermark, hatte im April 2021 das Projekt »BioBienenApfel« gegründet. Gemeinsam mit Unterstützern wie Andreas oder auch Formel-1-Weltmeister Sebastian Vettel, der über ein Praktikum auf einem Biobauernhof während der Pandemie zu den Bienen kam, konnten allein in Österreich im ersten Jahr bereits über 400 Hektar neuer Lebensraum für Bienen geschaffen werden. Das Ziel der Aktion: 1200 Hektar. Andreas meint dazu, jeder von uns könne einen kleinen Beitrag leisten, das Summen der Bienen dürfe nicht verstummen. Dabei helfen könnten auch vermeintlich kleine Dinge wie Blumen auf dem Balkon oder auf der Fensterbank.

DER GROSSE BRUDER WILLI

Willi Gabalier ist der große Bruder von Andreas, er ist drei Jahre älter und hatte nach dem Freitod des Vaters die Rolle des Familienoberhauptes übernommen. Gemeinsam haben sie neben den Eltern die Liebe zur Heimat, die Fröhlichkeit und das Interesse an Sport. Aber es gibt auch Unterschiede. Willi sei der Vernünftigere der beiden gewesen und habe sich für das Tanzen interessiert, während Andreas gerne Wrestling im Fernsehen geschaut und Eishockey gespielt habe. Was nur wenige wissen: Es war nicht Andreas, sondern der ältere Willi, der als Erster eine CD herausbrachte. Sie hieß »Fit und locker mit Hopsi Hopper« und erschien 1995, also 13 Jahre vor der ersten Single von Andreas. Dabei handelte es sich um Kinderlieder für ein Fitnessprojekt. »Hopsi Hopper« heißt der Fit-Frosch der »Arbeitsgemeinschaft für Sport und Körperkultur in Österreich«, dem größten Sportdachverband des Landes, der seit mehr als 30 Jahren mit seinen Aktionen die körperliche, seelische und geistige Fitness der Kinder fördert.

Doch dabei sollte es nicht bleiben: Im Jahr 2012 erschien Willi Gabaliers erstes Album mit dem Titel *Damenwahl*, darauf Lieder zum Tanzen mit Samba-, Rumba- oder Tango-Rhythmen. Darauf folgten Singles wie »Das weiße Rössl am Wolfgangsee« oder »Kavalier«. 2017 und 2018 stand Willi für zwei Videos zu Songs (»Net mit mir« und »Gott is a Dirndl«) der Kärntner Sängerin Melissa Naschenweng vor der Kamera.

Einen größeren Bekanntheitsgrad hatte Willi zuvor aber als Tänzer erworben, vor allem durch seine Auftritte in der Sendung *Dancing Stars* im ORF. 2012 trat er dort erstmalig auf und erreichte mit seine Partnerin Brigitte Kren den 4. Platz. 2013 reichte es mit seiner Partnerin und mittlerweile Ehefrau Christiana Leuthner sogar für Platz 2. Ins Profilager war er 2008 gewechselt, nachdem er als Turniertänzer jahrelang sehr erfolgreich gewesen war und viele Preise gewonnen hatte. Anders als sein Bruder Andreas, der sein Jurastudium nach dem Tod des Vaters abgebrochen hatte, hat Willi sein Studium der Kunstgeschichte an der Universität Graz abgeschlossen.

Nach den Stationen als Tänzer, wozu auch die Eröffnung seiner eigenen Tanzschule 2013 gehörte, ging Willi Gabalier 2020 neue Berufswege: Ab Herbst präsentierte er als Moderator von Servus-TV die österreichische Variante von *Bares für Rares*, einer beliebten Antiquitäten-Sendung. Außerdem ist er für die neue Sendung *Heimat Sterne* unterwegs, um heimische Talente mit eindrucksvollen Begabungen oder außergewöhnlichen Geschichten aufzustöbern. Seit 2023 ist er Präsident des Steirischen Volksbildungswerkes, das Menschen aller Generationen in der Steiermark mit Bildungsangeboten unterstützt. Über seine Teilnahme bei *Dancing Stars* meinte Willi Gabalier, diese Zeit habe er sehr geliebt, aber irgendwann müsse man neue Wege gehen. Er schaue sich die Sendung aber hie und da noch an und freue sich, wenn die Leute Spaß am Tanzen haben. Willi hat übrigens kein Problem, im Schatten von Andreas zu stehen. Er sei sehr stolz auf seinen kleinen Bruder, der so viel erreicht habe und mit seiner Musik so vielen Menschen Freude bereite. Oft könne er gar nicht glauben, dass das sein Bruder sei, der da die Stadien und Hallen füllt, weil im privaten Umgang ja alles so sei wie früher.

Mit Sängerin Melissa Naschenweng ist Willi Gabalier übrigens eventuell auch bald verwandt: Die Schlagersängerin hat ihre Beziehung zu Toni, dem jüngsten der Gabalier-Brüder offengemacht und man denkt über eine Heirat nach. Dem Ja-Wort stünde eigentlich nur noch der volle Terminkalender im Wege, im Herbst geht die Schlagersängerin auf Tournee, derzeit steht sie für ihr zweites Album im Studio.

SINGENDER SOHN, DICHTENDE MUTTER

Wie bei anderen Familien auch, war Mutter Huberta das Zentrum der Familie Gabalier. Nach dem Freitod ihres Mannes und ihrer Tochter hat der Hauswirtschaftslehrerin ihr Glaube geholfen. Der entstammte ihrer Kindheit auf dem Lande, die von Einfachheit geprägt war. Diesen Glauben hat sie auch an ihre Kinder weitergegeben, der schon erwähnte und von Andreas nicht sehr geliebte Kirchenbesuch am Sonntag war Pflicht. Dazu trug der Vater einen Lodenjanker, die Mutter ein Festtagsdirndl und die

Brüder Lederhosen. Als »berufstätige Vierfachmama« berichtet sie, war es ihr ein Anliegen, den Kindern immer das Gefühl und die Sicherheit zu geben, dass sie für die Kinder da sei und ihnen bewusst Zeit schenke. Dabei ging es vor allem um das Grundgefühl, für sie da zu sein, wenn sie sie brauchten. Der Leitsatz »Weniger ist mehr« habe noch immer seine Berechtigung, seien Kinder heute doch von dem materiellen Überfluss schier überfordert.

Trost fand Huberta Gabalier auch darin, ihre Gedanken aufzuschreiben. Sie musste sich buchstäblich ihren Schmerz »von der Seele schreiben«. Entstanden sind daraus mittlerweile fünf Gedichtbände, die in den verschiedenen Farben des Regenbogens erschienen sind. Der Grund: Das letzte Foto auf dem Handy ihrer Tochter zeigte einen Regenbogen und auch in einem Lied von Andreas sei der Regenbogen ein tragendes Symbol. Huberta Gabalier hat mittlerweile längst eine eigene Homepage, auf der sie über ihren ersten Gedichtband mit dem Titel *Herzleben – Gedichte über Sinn und Sein* schreibt: Dieser Gedichtband sei noch sehr schmerzbehaftet, da die meisten Gedichte unmittelbar nach dem Tode ihres Mannes 2006 und ihrer Tochter 2008 entstanden seien. Die Abbildungen zu den jeweiligen Gedichten seien meist Naturbilder, die in einem besonderen Zusammenhang mit dem jeweiligen Gedicht stünden. Das Buch erschien im November 2011 und wurde im April 2015 in einer zweiten, überarbeiteten Auflage neu aufgelegt, es enthält 50 Gedichte und soll vor allem Leser in besonders schwierigen Lebenssituationen ansprechen. Der zweite Gedichtband *Mediationen mit Herz – Gedichte (sic!) die von innen kommen*, versammelt 76 Gedichte in einem hoffnungsvollen und gebetsähnlichen Grundton. Der dritte Band, *Herzweihnacht*, mit Gedichten zur Weihnachtszeit erzählt eine Weihnachtsgeschichte in Mundart und enthält 34 Gedichte über Engel, Sterne, Licht und Winter. *Von Herz zu Herz* heißt das vierte Buch von Huberta Gabalier, darin sind 81 Gedichte der Liebe gewidmet. Ganz in der Tradition der Vorbände trägt auch das aktuelle, das fünfte Buch, das »Herz« im Titel, das nun *Herzgeflüster – Kurzgefasste Gedichte* lautet, diesmal ist der Umschlag in der Regenbogenfarbe Gelb gehalten. Die Mutter von Superstar Andreas ist inzwischen in zweiter Ehe verheiratet.

WEIL GUTES TUN GUTTUT

Arnold Schwarzenegger ist nicht nur ein Freund für Andreas, darüber hinaus bewundert der Volks-Rock'n'Roller sein Idol. Und er lebt nach dessen berühmten sechs Regeln. Frei nach der sechsten Regel – »Gib etwas zurück« – engagiert sich Andreas für verschiedene Gruppen. Etwa, wenn in seinem Fanshop Menschen mit besonderen Bedürfnissen arbeiten. Drei seiner dortigen Mitarbeiter sind Autisten, aber voll integriert. Zudem unterstützt er die Initiative »Krebshelden«, die sich mittels Versicherungen und Krebssuchhunden um Menschen kümmert, die an Krebs erkrankt sind. Mit einem Benefizkonzert unterstützte Andreas Gabalier auch den Verein »Schritt für Schritt« auf dem Lilienhof am Ortsrand von Schwoich in Tirol zwischen Kufstein und Wörgl. Zu dem landwirtschaftlichen Betrieb gehören Felder, Wiesen, ein Obstgarten, Gemüsebeete mit Hochbeeten, die auch für Rollstuhlfahrer zugänglich sind. Außerdem ein kleiner Wald mit einem Waldlehrpfad sowie verschiedene Tiere. Das Besondere am Lilienhof ist, dass der komplette Bauernhof einer sozialen Widmung zugeführt wurde: Der Verein »Schritt für Schritt« fördert entwicklungsverzögerte Kinder und Jugendliche auf ihrem Weg zu größtmöglicher Selbstständigkeit und die bestmögliche Bewältigung des Alltags steht dabei im Vordergrund. Gegründet haben den Verein nach Eigenauskunft 2009 Eltern, deren Kinder selbst ganzheitliche Angebote in Anspruch genommen und davon profitiert hatten.

DER FALL DES MOUNTAIN MAN

Andreas Gabalier hat bisher nur ein einziges Konzert abgesagt: jenes von 2019 im Schweizer Huttwil. Der österreichische Volksmusiker Andreas Gabalier müsse wegen einer Lebensmittelvergiftung einen für Mittwoch geplanten Auftritt in der Schweiz absagen, lautete im August 2019 eine Agenturmeldung. Andreas selbst war es, der auf Facebook von seiner Erkrankung berichtet. In dem Video ließ er seine Fans wissen, dass er seit drei Tagen im Krankenhaus »komplett flach« liege, er bekomme Infusionen, weil er keine Flüssigkeiten behalten könne. In dem Video mit dem Titel »Lebensmittelvergiftung« liegt Andreas mit einem T-Shirt sichtbar angeschlagen im Krankenbett, es gehe ihm gerade gar nicht gut, momentan schaue es im »Magerl« (Magen) ganz schlecht aus. Es sei nicht lustig, hier zu liegen. Später stellte sich heraus, dass es sich nicht wie zunächst vermutet um eine Lebensvermittelvergiftung handelte und auch nicht um einen Magen-Darm-Infekt. Der damals 34-jährige Volks-Rock'n'Roller hatte vielmehr gleich zwei verschiedene Krankheitserreger: das Sapovirus und die Darmbakterien EPEC. Diese Keime kann man sich beim Baden in einem See holen oder wenn man verunreinigtes Wasser trinkt, und beides könne bei Andreas die Ursache gewesen sein. Allerdings sei es sehr selten, dass jemand sich beide Erreger auf einmal einfange. Doch sein starkes Immunsystem habe ihn gerettet, schließlich konnte er wieder Hühnerbrühe mit Zwieback essen, nachdem er in den vorangegangenen Krankenhaustagen ziemlich abgenommen hatte – immerhin sechs Kilogramm. Es war das erste Mal in seiner Laufbahn, dass er »schweren Herzens« ein Konzert aus gesundheitlichen Gründen absagen musste, erklärte der Steirer auf Facebook, aber die Ärzte hätten ihm strikt verboten aufzutreten. Der Mountain Man war zu Fall gebracht.

Die Erleichterung bei den Gabalier-Fans war dann groß, als der Volks-Rock'n'Roller schließlich gesundheitlich Entwarnung gab und mitteilte, er werde das geplante Konzert in Kitzbühel spielen. Das ging dann auch gut über die Bühne und Andreas bedankte sich bei den Fans, die ihn durch den Abend getragen hätten.

Die Meldung über das abgesagte Konzert war eine der seltenen Meldungen, in denen es um den Gesundheitszustand von Andreas ging. Bei einer weiteren, allerdings falschen Meldung, die auf YouTube verbreitet wurde, wird von einem angeblichen Hirntumor des Sängers berichtet und dass er sich einer Chemotherapie unterziehe. »Das kann ich mir nicht vorstellen, hört auf, so einen Quatsch zu verbreiten«, lautete dann auch einer der Kommentare auf diese offensichtliche Fake-Nachricht.

DAS ZWEITE ALBUM: ROCK, COUNTRY, LIEBE

Im Februar 2010 stieg Andreas Gabalier in das Flugzeug, das ihn erneut nach Berlin brachte: Es ging um die Aufnahme seines zweiten Albums, wieder mit Mathias Roska als Produzenten. Die Texte für die Lieder auf seinem ersten Album *Da komm' ich her* hatte er ja teilweise noch als Gedichte während seiner Wehrdienstzeit verfasst, nun brauchte er neue Inspirationen für seine Songs. Er nahm sie wie so oft aus seinem Alltagsleben, seiner Umgebung. Als er in dem Berliner Tonstudio ankam, hatte er 20 Lieder im Gepäck, die er in seinem kleinen Heimstudio mit Gitarre oder Klavier auf Demobändern aufgenommen hatte. In den folgenden drei Wochen nahm Andreas dann mit den Musikern um Roska zwölf davon für das neue Album auf, das den Titel *Herzwerk* trug – und das sich vom Erstlingswerk schon unterscheidet. Mit musikalisch ausgearbeiteten Arrangements, die etwa bei »Wo immer du auch bist« auch schon mal ein Gitarrensolo vorsehen, geht es in Richtung flotter Rhythmen, wie sie zum Beispiel auch Rainhard Fendrich spielt. Und bei diesem Lied lässt Andreas im Vergleich zu seinen früheren Liedern auch ein wenig den Dialekt hinter sich. Gemäß dem Titel »Herzwerk« geht es in dem Lied natürlich um die Liebe, ebenso wie in den melodiösen Songs »Heimweh nach dir« und »Mei Herz schlogt nur für di«. Mit Anklängen aus der Country-Musik geht es rockig bei »Dahoam« zu. Hier lernt man, was Andreas unter Heimat versteht: unter anderem Kaiserschmarrn, Leberwurst, Griesnockerlsuppen, Haferlschuhe, ein Fass Most, Trachtengewand, ein Flascherl Bier. Um die

Heimat beziehungsweise die Berge geht es in dem Lied »Bergbauernbuam« und in »Mein Bergkamerad«. Getragen und mit Harmonikaklängen kommt seine Ballade »Engel« daher, eine Art Tauflied, in dem er dem Kind einen Engel wünscht, der es leitet. Aufgedreht ist dagegen der Song »Biker«, in dem Andreas über sein Hobby, das Motorradfahren, singt: »Reiten wir durchs Land in einem ledernen Gewand«. Ein Hit wird schließlich der Song: »I sing a Liad für di« – eine flotte Dancefloor-Nummer zum Mittanzen. Um diesen Hit zu schreiben, soll Andreas ganze 25 Minuten gebraucht haben. Als er nach einer langen Party in Graz nachts beschwingt nach Hause ging, noch den letzten Partyhit im Ohr hatte und mitsummte – »I don't feel like dancing« –, sah er an einer Straßenecke ein Mädchen stehen. »I sing a Liad für di« sagte er spontan zu ihr, war anscheinend von ihr inspiriert, fuhr dann schnell mit dem Taxi nach Hause und hatte den Text um vier Uhr morgens fertig. Soweit jedenfalls die Erzählung.

In einem Video, das Mathias Roska auf YouTube eingestellt hatte, ist Andreas nachts um zwei Uhr im Studio bei der Aufnahme zu »Dahoam« am Mikrofon zu sehen, in den Singpausen macht er Grimassen in Richtung Roska, eine lustige Stimmung. »Der Typ ist völlig irre!«, so dazu der bewundernde Kommentar des Musikproduzenten.

Auch die Lieder dieses Albums hat Andreas Gabalier alle selbst geschrieben. Auf dem Cover ist Andreas in knappem Shirt und mit seiner Harmonika zu sehen, im Hintergrund der Himmel über den steirischen Bergen. Noch ist seine Frisur weit entfernt von der späteren Elvis-Tolle. Das Album wird beworben als »einzigartige Melange« aus Pop, Rock, jungem Schlager und traditioneller Musik. Es klettert im Sommer 2010 auf Platz 2 der Austria-Top-40-Charts.

Am 24. Juli trat Andreas bei »Wenn die Musi spielt – Sommer Open Air« in Bad Kleinkirchheim in Kärnten auf, das auch im deutschen Fernsehen, vom ZDF, übertragen wurde. »Hab den Andi Gabalier das erste mal (sic!) gesehen in dieser Sendung und hab den Mund nicht mehr zugekriegt!«, lautet ein Kommentar unter dem Video der Sendung, in dem Andreas in Lederhosen und Lederjanker auftritt. Im flotten Teil des Liedes zieht der Steirer dann den Janker aus und legt einen sehr flotten Hüftschwung hin, das Publikum geht sichtbar mit. War Andreas Gabalier bis dahin in Deutschland eher ein Geheimtipp, so änderte sich das schlagartig nach der Sendung. Auf der Website der Universal-Studios war über diesen Auftritt zu lesen, der »kernige Austropopper mit alpinfolkloristischem Einschlag« habe in Bad Kleinkirchheim eingeschlagen wie eine Bombe. Danach kletterte das *Herzwerk*-Album, für das Gabalier in der Sendung österreichisches Gold verliehen bekam, auf Platz 77 in den deutschen Charts und schaffte es später sogar eine Woche lang auf Platz 31. Wenn man sich die Chartspräsenz von Newcomern im Volksmusikgenre anschaue, könne man bei Andreas Gabalier getrost von einem Künstler sprechen, der wie kein anderer die Zukunft dieser Musiksparte mitbestimmen werde, meinte dazu Universal.

KEIN HEIMSPIEL

In seinem Lied »Dahoam« auf dem Album *Herzwerk* singt Andreas Gabalier auch von einem »Sturm«. Den gibt es in seiner Heimat in zweifacher Ausführung: als Wetterphänomen und in Form eines Sportklubs, für den Andreas' Herz schlägt. Er ist bekennender Fan seines Heimatvereins Sturm Graz. Das ist ein Fußballverein, der aktuell in der ersten österreichischen Bundesliga, die Amateurmannschaft in der zweiten Liga und die Frauenmannschaft in der ÖFB Frauen-Bundesliga spielt. 2010 hat Andreas dem Verein sogar eine neue Hymne komponiert.

Da Sturm Graz im Jahr 1909 gegründet wurde, heißt das Lied auch »1909«. Dabei handelt es sich um eine Reminiszenz an einen Sturm-Vereinssong, und Andreas singt von der »Fußballhauptstadt« Graz. Das Lied war zum Mitsingen im Fußballstadion gedacht und Andreas präsentierte es live beim Spiel gegen den FC Wacker Innsbruck in der UPC-Arena in Graz am 30. Oktober 2010. Die Reaktion war allerdings sehr durchwachsen, er wurde von den Sturm-Fans mit Pfiffen empfangen. »Pfeifender Gegenwind für neues Sturm-Lied«, titelte dann auch die *Kleine Zeitung*. Dabei hatte der Verein vorab noch verlauten lassen, dass es sich bei dem Sturm-Lied von Andreas nicht um die neue Sturm-Hymne und auch nicht um die neue Einlaufmusik des SK Sturm handele. Es sei lediglich ein Lied, das Andreas Gabalier für den SK Sturm geschrieben habe.

Er verstehe es, wenn das Lied nicht jedermanns Geschmack treffe, sagte Andreas später, er habe einfach nur einen coolen Song für seinen Verein singen wollen, der auch der Lieblingsverein seiner verstorbenen kleinen Schwester gewesen war. Die Grazer gewannen das Spiel gegen die Innsbrucker an jenem Sonntag übrigens mit 2:0. Ob wegen oder trotz des Auftritts von Gabalier, ist unklar.

DIE TOLLE TOLLE

Am 2. April 2011 wird Andreas Gabalier als »österreichisches Naturwunder« und als »steirer Bursch« von der Moderatorin Carmen Nebel in ihrer Fernsehshow *Willkommen bei Carmen Nebel* angekündigt. Die vom ZDF übertragene Sendung fand an jenem Samstag in Klagenfurt statt und Andreas hatte seinen Auftritt mit allen »Zutaten« gewürzt: der obligatorischen Lederhosen, dem rot-weißen Schneuztücherl und dem Hüftschwung, mit dem er seinen knackigen Po den verzückten Zuschauerinnen im Saal präsentierte. Ein »Accessoire« war jedoch neu am »steirer Buam«: die Frisur! Bisher hatte er seine Haare – ganz braver Jurastudent – glatt nach unten gekämmt getragen. Nun aber hatte er sie zu einer Tolle toupiert, die an Elvis Presley erinnerte. Andreas Gabalier hatte sich neu erfunden: lässig, cool und souverän präsentierte er »I sing a Liad für di«. Das Publikum hatte er voll im Griff, es gab sogar eine Zugabe. Andreas begab sich mitten rein in den Pulk seiner (meist weiblichen) Fans und sang sich in die Herzen der Zuschauer. Bei seinen Po-Wacklern rase das weibliche Publikum, schreibt eine Musikwebseite über den Signature Move des Alpen-Rockers. Mit diesem Auftritt wird er auch in Deutschland weiter bekannt, nach der Show wird sein Lied so häufig heruntergeladen, dass es wenig später in den Media-Control-Charts Platz 65 erreicht und mit Platz 30 seine Höchstposition erreicht. Dabei war der Titel in Deutschland gar nicht für eine Veröffentlichung vorgesehen. Aufgrund des Erfolgs entschloss sich Universal jedoch, den Titel auch in Deutschland herauszubringen.

An diesem Abend wurde Andreas zum »Alpen-Elvis«, manchmal auch »Kernöl-Elvis« genannt. Mit dem neuen Image ging es nun in Richtung »Volks-Rock'n'Roller«. Er mische alpenländische Volksmusik und Fünfziger-Jahre-Schlager mit Elementen aus Rock- und Popmusik, schreibt die Berliner *taz* über Andreas' Stil, ein österreichischer Kritiker meinte, der Volks-Rock'n'Roll passe in keine Schublade. Und die Verbindung von volkstümlicher Musik und Rock'n'Roll, von Kaiserschmarrn und Elvis-Tolle, von Bergwiesen und Klängen der Country-Musik ist tatsächlich etwas Neues. Anders als singende Pfarrer und schwergewichtige Brüder wie die Wildecker Herzbuben gibt sich Andreas bei seinen Auftritten auch mal bewusst sexy, eben als kerniger steirischer »Bua«, der aber auch seine Gefühle zeigt und authentisch wirkt. Damit verpasste er dem Genre des volkstümlichen Schlagers, das in den vergangenen Jahren nicht viele neue Fans dazugewonnen hatte, einen ordentlichen Popularitätsschub. Er trifft damit genau den Nerv der Zeit. Angesichts einer ungewissen Zukunft mit vielen Problemen wie etwa dem Klimawandel sehnen sich auch die Jüngeren nach einer Welt, in der sie diese Probleme zumindest eine Zeit lang vergessen können. Dass auch Großstädter zu den Konzerten von Andreas Gabalier in Dirndl und Lederhosen kommen, zeigt, wie groß das Bedürfnis nach einem Zufluchtsort ist, an dem man sich einfach anhand der Bekleidung zugehörig und aufgehoben fühlen kann.

DIE ERSTE SOLOTOUR

2012 war das Jahr, an dem Andreas Gabalier, jetzt 27 Jahre alt, seine erste große Solo-Tournee durch Österreich machte. Und er füllte große Hallen. 50 000 Tickets wurden im Rahmen der Tournee angeboten und bereits in den ersten beiden Wochen zeigte sich eine große Nachfrage, sodass für die Konzerte in Innsbruck und Salzburg größere Hallen angemietet und die Anzahl an Tickets auf 60 000 aufgestockt werden mussten. Andreas zeigte sich überrascht von dieser Nachfrage. Das Abschlusskonzert der Tour fand im Mai 2012 in der restlos ausverkauften Wiener Stadthalle vor 12 000 Fans statt. Dirndln und Lederhosen, soweit das Auge blicke, schrieb ein Journalist über dieses Ereignis, was Andreas eine »Gänsehaut« verschaffte. Er freue sich, dass alle in Tracht und »geflochtenen Zopferln« da sind, sagte Andreas. Das »Volks-Rock'n'Roll-Fieber« hatte offensichtlich auch die österreichische Hauptstadt erreicht, in der Lederhosen ansonsten eher wenig zu sehen sind. Neben der »Gänsehaut« machte sich bei Andreas angesichts der Fans aber auch etwas Nervosität breit, er vergaß an einer Stelle seinen Liedtext. Die weiblichen Fans in der Stadthalle feierten ihn trotzdem und es sollen auch Strumpfbänder auf die Bühne geflogen sein.

Sein Label Universal jubelte: »Er ist der derzeit erfolgreichste österreichische Interpret – über alle Genres hinweg.« Er breche alle musikalischen Rekorde Österreichs, seine drei Alben haben die vordersten Plätze der Charts erobert. Sein Hit »I sing a Liad für di« werde von den Funkstationen und in Diskotheken gespielt und von anderen Künstlern gecovert. Was die Karriere betrifft, hat Andreas sein Rekordtempo beibehalten und ist innerhalb von rund vier Jahren zum Superstar aufgestiegen.

DAS DRITTE ALBUM: BEKENNTNIS ZUM VOLKS-ROCK'N'ROLL

Im Oktober 2011 erscheint mit *Volks-Rock'n'Roller* das dritte Album von Andreas Gabalier. »Es kracht, es stampft, es rockt«, es brenne die Almhütte genauso wie der Subwoofer, schrieb dazu seine Plattenfirma Universal. Mit dem Titel des Albums hat Andreas nun auch einen Begriff für seine Art von Musik gefunden: Er sieht sich nämlich weder als Volksmusikant noch als Schlagersänger, seine Auftritte glichen eher den Rock'n'Roll-Konzerten der 1950er und 1960er Jahre. So heißt es in seinem Lied »Volks-Rock'n'Roller« dementsprechend: »Wuits ihr beschreibn wos i bin, lossts as bleibn des hod gor kan Sinn« (»Wenn ihr beschreiben wollt, was ich bin, lasst es bleiben, es hat keinen Sinn«). Zwölf Songs sind auf dem Album zu hören und die Bandbreite der Themen ist groß. Da geht es zum Beispiel in »Der Frühwirth« darum, dass wenn er in der Frühe aufsteht, ihm der Kopf so weh tut. Weil er zu lange in der Wirtschaft war und zu viel getrunken hat. Denn: Ab und zu muss ein Mann an der Wirtshaustheke stehen. Das Lied hat er einem Freund gewidmet, den er schon aus der Schule kennt, und mit dem er seinen Wehrdienst ableistete, während dem sich die Freundschaft vertiefte. Die beiden haben natürlich in Graz auch so manche Kneipentour zusammen unternommen und die Erfahrungen aus diesen Zeiten sind dann ziemlich aussagekräftig in den Text des Liedes eingegangen.

Mit einer rockigen Melodie beginnt »12 Ender Hirsch« und darin geht es ziemlich brunftig zu: »I bin a kerniger Bua ...

Hollari hollaro holareiduliyeahhheihoo«, um dann in tänzelnde Harmonikaklänge überzugehen – eine sehr spezielle Mischung. In »Meine Stewardess« besingt Andreas auf Hochdeutsch einen Flug von Wien nach Berlin und lässt es darin ziemlich krachen, wenn das Türschloss (der Toilette?) auf Rot gestellt wird, während er und die »nette Bernadette« dort drin gemeinsam zugange sind. Das Ganze unterlegt von spanischer Gitarrenmusik. »Sweet Little Rehlein« wiederum erzählt von einem Rehlein, das auf einer Lichtung im Wald steht und irgendwann kommt natürlich ein Rehbock ins Spiel, der auf die himmelblauen Augen abfährt. In »Kleiner Schmetterling« geht es wieder um saftig blühende Wiesen, auf denen sich nun aber statt dem Rehlein ein junger Schmetterling herumtreibt.

Das Album wurde auf jeden Fall rasch ein Erfolg und stieg in den Austria-Top-40-Charts ganz weit vorne unter den ersten Plätzen ein. Dort hielt es sich fünf Wochen lang und wurde 160 000-mal verkauft. Das »Sweet little Rehlein« wurde als Single ausgekoppelt und verkaufte sich gut auf dem österreichischen Markt.

COVER-DISKUSSION: KUNST ODER KREUZ?

Andreas' konservative Ansichten ecken auch an, sein Schaffen steht immer wieder in der Kritik mancher Medienvertreter. So auch das Cover des Albums *Volks-Rock'n'Roller*. Dort posierte Andreas in Lederhosen, Wadenwärmern, Bergschuhen. In der rechten Hand hält er seine Harmonika vor einem Bergpanorama, der Fotograf hatte die Szene von unten her aufgenommen. Andreas steht auf einem Bein und hat die restlichen Glieder in einer dynamischen Pose beziehungsweise Verrenkung angeordnet, so als würde man zum Beispiel beim Schlittschuhfahren beschleunigen. Ein Journalist der österreichischen Tageszeitung *Der Standard* hatte unter der Überschrift »Der Junge und das Kreuz« im Januar 2012 anlässlich eines TV-Auftritts des Stars bei dem Satiriker-Duo Stermann & Grissemann geschrieben, die Pose von Gabalier erinnere an ein Hakenkreuz. Einmal in die Welt beziehungsweise in das Internet gebracht, machte diese Interpretation rasch die Runde und wurde immer wieder neu aufgewärmt. In einem Interview mit der Tageszeitung *Welt* sagte Andreas zu dem Hakenkreuz-Vorwurf, er finde diese Assoziationen »echt unfassbar« und er bediene sie auch nicht bewusst. Wenn jemand etwas negativ sehen wolle, werde dieser immer etwas finden oder sogar erfinden. Einige fühlten sich jetzt regelrecht berufen, klagte Gabalier, die schrecklichsten Dinge in seiner Arbeit zu entdecken. Er lasse es nicht an sich heran, weil es nichts mit ihm als Mensch zu tun habe. Wie schwer Dinge aus der Welt zu schaffen sind, wenn sie einmal ausgesprochen wurden, zeigten sieben Jahre später die *Stuttgarter Nachrichten*: Dort wurde das Album-Cover noch immer als »umstritten« bezeichnet, obwohl Andreas sich davon zwischenzeitlich deutlich distanziert hatte.

ROCKEN IN DER COUNTRY-HOCHBURG

Am 25. Dezember 2012 saß Andreas Gabalier am Lagerfeuer – mit Sonnenbrille und langer Lederhose – und es erklang die Melodie von *Spiel mir das Lied vom Tod.* Das war allerdings nicht in der Prärie, sondern in der »Helene Fischer Show« im Fernsehen. Die namensgebende Sängerin und Gabalier lieferten sich ein Duell – eines der Country-Songs. »Jetzt wird abgerechnet, Andy«, so Helene. »Verlass dich drauf, Fischi«, antwortet Andreas. Dann ging es los. Andreas spielte und sang mit tiefer Stimme »Ring of Fire« von Jonny Cash, Helene antwortete mit »This boots are made for walking«. Es folgte Andreas mit »Take me home, country roads«, das Helene mit »Jambalaya« konterte. Das Country-Medley klang mit einer langsamen Ballade aus, gemeinsam gesungen von den beiden Stars. Im Hintergrund der Bühne taucht eine amerikanische Landschaft mit roten Felsen auf.

Es sollte nicht ganz einen Monat dauern, bis Andreas zwar nicht genau dort, aber immerhin in den USA unterwegs war: Am 25. Januar 2013 saß er in dem Flugzeug, das ihn mit einem Zwischenstopp in Washington nach Nashville, Tennessee bringen sollte, der Hochburg der Country-Musik. Denn Andreas hatte es sich in den Kopf gesetzt, sein nächstes Album zumindest teilweise in dortigen Studios aufzunehmen. Es sei schon immer sein Traum gewesen, einmal dorthin zu fahren, erzählte er später. Angeregt dazu hatte ihn die umfangreiche Plattensammlung seines Vaters, in der Alben von Größen wie Jonny Cash oder Tina Turner und Elvis nicht fehlen durften.

Mit seiner Crew begab sich Andreas nach seiner Ankunft in den USA in die berühmten Sound Kitchen Studios in Franklin, einem Nachbarort von Nashville. Dort hatten schon Stars wie Bruce Springsteen, Elton John oder Dolly Parton ihre Songs aufgenommen. Mit dabei war auch Musikproduzent Mathias Roska. Vier Tage verbrachten sie in den Studios und nahmen einige Songs auf, darunter »Home Sweet Home«. In den USA wird er schon mal als »James Dean« angesprochen. Andreas gefällt die Atmosphäre in Nashville, er lässt sich durch die Souvenirshops treiben, guckt sich original Cowboystiefel an und sucht in Plattenläden nach Country-Musik. Dort aber einmal länger zu leben, ist keine Vorstellung für Andreas. Er genieße zwar den Luxus im Hotel und das Essengehen in schönen Restaurants, aber dorthin zu ziehen, wäre für ihn keine Option. Dazu sei er viel zu viel in der Heimat verwurzelt, wo er seine Nachbarn, Freunde, Verwandten habe. Amerika gefalle ihm, weil dort die Menschen so positiv seien, aber selbst in Europa wolle er nur in Österreich leben, und zwar in Graz.

DAS DENGLISCHE ALBUM *HOME SWEET HOME*

Im Juni 2013 kommt das neue Album von Andreas Gabalier heraus mit dem Titel *Home Sweet Home*. Neu daran: Er singt nun einige Songs auch auf Englisch, jedenfalls ein paar Worte. Zum Beispiel in »Traditional Clothing«, mit flotten Beats nimmt er sich die traditionelle Kleidung wie die Lederhosen oder die feinen Stickereien zum Thema, als Mode, die »für immer besteht«. Ganz auf Englisch kommt hingegen »You're just bein' you« daher. Zu den Englischkünsten des Steirers schrieb seine Plattenfirma Universal, er versuche gar nicht wie George Jones und Tammy Wynette zu klingen. Sein Englisch habe den Zungenschlag der Heimat und die ist Graz, aber genau das mache diese Songs auf ihre Art spannend.

In »Home Sweet Home« greift Andreas nun auf Englisch ein Thema auf, das er seit Beginn seiner Karriere immer angesprochen hat: Die Verwurzelung in der Heimat. So singt er davon, wo immer er auch sei, er werde niemals vergessen, woher er kam. Mit rauchiger Stimme und einem langsamen Beat hört sich das ziemlich amerikanisch an. In »Man of Volks-Rock'n'Roll« singt er auf Englisch und Deutsch ebenfalls über das Heimatland, über die Wiesen und die Berge, von woher er stammt. Die modernen Gitarrensoli der rockigen Nummer stehen dabei im seltsamen Kontrast zu den bekannten eher schlichten Inhalten (»I bin a kerniger Bergbauernbua«), hier trifft moderne Studiomusik auf Texte, die angesichts der Arrangements eher in den Hintergrund treten. »Für mich bist du schön« ist wieder ein deutschsprachiger Text zum Thema Liebe, in »Ab zum See« geht es um den Sommer am Strand, ums Kuscheln und den Sonnenbrand, eher ungewöhnlich ist der Titel »Drei Männer und das Meer«, in dem es um eine Mittelmeer-Kreuzfahrt geht, die Andreas mit zwei Freunden unternommen hat – anders als üblich spielt sich dieses Lied nicht in den Bergen ab, sondern auf dem Meer. Und auf der Schweizer Ausgabe der CD ist auch ein Freddy-Quinn-Medley zu hören: Von »Seemann, lass das Träumen« bis zu »So schön war die Zeit«. Mit »Zuckerpuppen«, die kess mit den Schultern zucken, geht Andreas musikalisch zurück in die 1950er und 1960er Jahre mit Petticoats und Föhnfrisur, eine

Zeit, als Peter Kraus vom »Sugar Baby« sang. Der Song, der mit rockigen Gitarrenriffs und gleichzeitig steirischer Harmonika daherkommt, wurde auch als Single ausgekoppelt.

Und schließlich ist auf dem Album auch »Go For Gold« zu finden, der offizielle Song für die Alpine Ski-Weltmeisterschaft in Schladming. Es sei alles überzeichnet und wahrscheinlich werden ihm die Kritiker die Ironie, die da drinstecke, nicht abnehmen, schrieb Universal über die Bandbreite der Songs auf diesem Album. Natürlich waren die Reaktionen des Publikums unterschiedlich, im Internet war zu lesen, hoffentlich verzichte Andreas künftig auf peinliche englische Texte auf Kindergartenniveau, andere hingegen waren »rundum zufrieden« mit dem musikalischen Angebot auf der CD. Tatsache ist aber auf jeden Fall, dass das Album mit 690 000 verkauften Exemplaren bis dahin das mit Abstand erfolgreichste Album von Gabalier war, das auf den ersten Platz der Charts kletterte.

FLIRTOFFENSIVE VOR LAUFENDER KAMERA

Der Schlagerstar und seine Beziehung zu Frauen, das ist eine Geschichte, die vor allem aus vielen Andeutungen besteht. Etwa wenn Andreas orakelt, dass die Rücksitze in seinem ersten Auto viel zu erzählen hätten. Klar ist auf jeden Fall, dass das weibliche Geschlecht sich bei seinen Konzerten gerne ins Dirndl wirft und ihn vorn an der Bühne bei seinen Auftritten begeistert feiert. Und mit seinen Po-Wacklern bringt er schon mal die eine oder andere zum Kreischen (oder Umfallen).

Von einer festen Beziehung des Schlagerstars jedoch erfuhr die Öffentlichkeit nichts. Zwar sprach Andreas in verschiedenen Interviews darüber, wie seine Traumfrau sein sollte, doch eine derartige Traumfrau an seiner Seite gab es (offiziell) nicht. Bis 2013. Das war dann das Jahr, in dem die Beziehung von Andreas Gabalier zur Moderatorin Silvia Schneider offenkundig wurde. Die damals 31-Jährige stammt aus Linz und hat mit Andreas gemeinsam, dass sie (nach einer Tanzausbildung in Hamburg) ein Studium der Rechtswissenschaft in Deutschland (Tübingen) begann, das sie (im Unterschied zu Andreas) dann an der Universität in Linz auch abschloss. Während dieses Studiums begann sie ihre Karriere beim Fernsehen, zuerst beim österreichischen Privatsender LT1, dort präsentierte sie die Nachrichten und moderierte das *Citymagazin*. Danach wechselte sie zum Sender Puls 4.

Mit einem Interview für diesen Fernsehsender in Wien im Oktober 2012 begann dann auch die Liebesgeschichte der beiden, man konnte vor laufender Kamera dabei zusehen, wie der 29-jährige Grazer mit der blonden Moderatorin flirtete. Bei der Frage, auf welchen Typ Frau er stehe, beschrieb Andreas einfach das Outfit seiner Interviewerin: Strumpfhosen gefielen ihm gut, auch ein »nettes Rockerl«, dazu ein strahlendes Lächeln. Dabei schaute er seinem gegenüber tief in die Augen, ließ seinen Charme spielen – und tat auch gleich seine Vorstellung für ein erstes Date kund: mit einem Aperitif in der Wiener Innenstadt, dann einem guten Essen, einem Schaufensterbummel und anschließend vielleicht einen Kinobesuch. Die Moderatorin ließ sich zwar nicht anbaggern und appellierte an die Zuschauerinnen, sie mögen doch den armen Andreas Gabalier bitte mit ins Kino nehmen. Anscheinend hatte es aber doch gefunkt zwischen den beiden. Im Februar 2013 sah man sie als Paar beim Wiener Opernball, Silvia in einem tief ausgeschnittenen roten Abendkleid, Andreas im Frack (mit dem er allerdings ein wenig fremdelte, wie er zugab). Die Presse war auch mit dabei und am Tag darauf gab es Schlagzeilen, die nach einem neuen Liebespaar fragten. Das ging auch ein Jahr lang so weiter, waren beide doch immer wieder gemeinsam zu sehen waren, sei es bei der Ski-Weltmeisterschaft in Schladming oder bei der Miss-Austria-Wahl in Graz. Ende 2013 meldete die Presse dann, Silvia habe sich zu ihrer Liebe zu Andreas bekannt. Man wolle aber das Privatleben möglichst aus der Öffentlichkeit heraushalten.

Silvia Schneider setzte ihre TV-Karriere fort, 2014 moderierte sie die Castingshow »Herz von Österreich« und die Wahl zur Miss Austria. Seit 2017 spielt sie auch in einer Comedy-TV-Serie mit und moderierte mit Verena Schneider die Talkshow »Heute bei den Schneiders« auf Puls 4.

In diesen Jahren ist auch Andreas viel unterwegs, er bringt sein Album *Home Sweet Home* auf den Markt, tourt durch Deutschland. 2015 erfindet er sich als »Mountain Man« wieder neu, 2016 füllt er bei seinem ersten Open-Air-Konzert das Münchner Olympiastadion, 2018 ist er für die Produktion seines neuen Albums *Vergiss mein nicht* in Berlin, London und wieder Nashville unterwegs. Beide – Andreas und Silvia – sind also in diesen Jahren beruflich ganz schön eingespannt.

Sechs Jahre später, 2019, geben sie dann die Trennung bekannt. Die inzwischen 37-jährige Silvia hatte das Beziehungs-Aus zuerst auf ihrer Facebook-Seite angesprochen, man wolle aber Freunde bleiben. Sie sei stets nur eine ausgestreckte Hand entfernt, falls er Halt brauche. Einen Tag zuvor hatte Andreas in einem Interview bereits eingestanden, dass es

Schwierigkeiten in der Beziehung zu Silvia gebe. Durch die vielen unterschiedlichen Wochenenden und Freizeiten sei die Gemeinsamkeit auf der Strecke geblieben, er habe sich zu viel Zeit für den Sport und die Freunde herausgenommen und seine Freundin dadurch vernachlässigt. Das Privatleben habe nicht den richtigen, verdienten Platz gefunden.

Nach der Trennung haben sich die ehemaligen Liebespartner bei verschiedenen Anlässen erneut getroffen, doch Spekulationen über eine Wiedervereinigung gingen ins Leere. Hatte doch Silvia inzwischen auch mit dem Musiker Jamie Harrison einen neuen Lebenspartner gefunden. Und sie war beruflich neue Wege gegangen: Sie hatte in Linz eine Kochlehre gemacht und im Oktober 2023 erfolgreich die Lehrabschlussprüfung abgelegt.

WIRBEL UM DIE FEHLENDEN TÖCHTER

2014 wirbelte Andreas Gabalier mit einem Auftritt beim Formel-1-Rennen im österreichischen Spielberg in der Steiermark jede Menge Staub in der Alpenrepublik auf. Warum? Er hatte dort die österreichische Nationalhymne gesungen. An sich nichts Ehrenrühriges. Doch Andreas hatte den alten Text des Bundesliedes benutzt, anstatt die neue Version, in der auch die Töchter des Landes gepriesen werden. Er hatte also intoniert: »Land der Berge, Land am Strome, Land der Äcker, Land der Dome, Land der Hämmer, zukunftsreich! Heimat bist du großer Söhne, Volk, begnadet für das Schöne, vielgerühmtes Österreich. Vielgerühmtes Österreich«. Dieses »Bundeslied« wurde am 22. Oktober 1946 mit Beschluss des Ministerrats zur Nationalhymne von Österreich, der Text stammt von der Schriftstellerin Paula Preradović. Ab Januar 2012 wurde der Text geringfügig geändert und die »geschlechtergerechte Änderung der Österreichischen Bundeshymne« gesetzlich festgelegt. Jetzt lautet die entsprechende Zeile: »Heimat großer Töchter und Söhne«. Vorangegangen war eine Diskussion um verschiedene Versionen der Änderung oder ob nicht gar ein ganz neuer Text gefunden werden sollte. Das entsprechende Gesetz wurde schließlich nach emotionaler Debatte im Parlament verabschiedet. Zuvor hatten in einer Umfrage im Auftrag einer Tageszeitung 70 Prozent der Befragten die Änderung der Bundeshymne abgelehnt, 68 Prozent hatten sich auch gegen eine ganz neue Hymne ausgesprochen. Insgesamt wurde das Thema als nicht besonders wichtig betrachtet, angesichts anderer politischer Probleme.

Als Andreas dann im steirischen Spielberg die alte Version der Hymne ohne die Töchter anstimmte, rief das die österreichische Bildungsministerin Gabriele Heinisch-Hosek auf den Plan, die das kritisierte und dem Sänger den aktuellen Text nahelegte. Ihre Äußerungen führten zu heftigen Reaktionen im Internet, was zeigte, dass die Änderung nach wie vor nicht unumstritten war. Auf die Kritik antwortete Andreas Gabalier, er habe den Text der österreichischen Bundeshymne mit acht Jahren in der Schule im Sachkundeunterricht gelernt und sehe keine Veranlassung, ihn anders zu singen. Mit einer derartigen Aufregung habe er nicht gerechnet. Doch der Streit ging noch weiter. Die ehemalige Frauenministerin Maria Rauch-Kallat, unter deren Federführung die Hymne geändert wurde, verteidigte die Änderungen und belehrte den Volksmusiker, man könne dazulernen, er mache ja jetzt auch nicht mehr in die Windeln. Andreas meinte hingegen, er würde die Hymne erneut in der alten Version singen. Er verteidige die Ur-Version der Hymne, weil es für ihn ein Stück Geschichte und die Hymne durch den neuen Text unrund sei. Neun Jahre später erklärte er 2023 in einem Interview, man könne die Hymne so oder so singen.

DER SOUND ZUR STEIRISCHEN STIMME

Die meisten seiner Lieder schreibt Andreas Gabalier selbst, doch die musikalischen Arrangements dazu stammen von Produzent Mathias Roska. Bei den Aufnahmen im Studio sind dann verschiedene Musiker mit dabei, die die Songs mit Andreas einspielen. Das Team auf der Bühne bei den Live-Auftritten des Schlagerstars blieb dagegen größtenteils unverändert. Bei der Tournee 2017 begleiteten ihn zum Beispiel neben Bandleader und Gitarrist Mathias Roska auch der Schlagzeuger Marko Duvnjak aus Zagreb, er ist seit 2012 in der Band. An den weiteren Gitarren spielten Alen Brentini, auch seit 2012 an Bord, und Jörg Weisselberg aus Berlin, der 2017 dazukam. Er stammt aus dem Umfeld der Hansa-Studios in Berlin, seit 2001 spielt er als Gitarrist in der Band von Jeanette Biedermann, mit der er auch verheiratet ist. Alen Brentini gehört inzwischen zur festen Besetzung bei den Konzerten von Andreas Gabalier. Der 1977 in Rijeka (damals Jugoslawien, heute Kroatien) geborene Gitarrist begann schon mit neun Jahren auf dem Instrument zu spielen und gründete mit 15 Jahren seine eigene

Band, spielte ab 19 Jahren dann professionell. An den Keyboards der Band stand Harald Hauser, der 2015 zur Band kam. Am Bass fand sich Sandra Lawson und für die Background-Vocals sorgten Stella Jones und Berenice Zsifkovits. Die Sängerin und Songwriterin stieg 2016 bei der Band ein, seit 2019 ist sie auch als Solokünstlerin unterwegs und hat mehrere Singles herausgebracht wie »Du bist as ned«, »Alleine« oder jüngst »Jump 25«.

Mit diesen acht Musikern bestritt Andreas die Konzerte etwa in München und Kitzbühel. Bei den Unplugged-Shows spielten aber auch andere Musiker in der Band. Auch sechs Jahre später ist Gitarrist Alen Brentini noch mit an Bord, ebenso wie Sängerin Berenice Zsifkovits, Produzent Mathias Roska und Drummer Marko Duvnjak. Produktionsleiter der Shows ist der Kölner Benjamin Sill, der ein Dreivierteljahr vor der Tournee mit der Planung beginnt. Damit das alles erfolgreich über die Bühne geht, tourt Andreas Gabalier schon mal mit einer Crew von 150 Leuten durch die Lande. Zählt man bei Großauftritten wie in München die Sicherheitsleute mit, dann sind an so einem Show-Abend an die 5000 Leute beschäftigt.

DÜRFEN HAT ER SICH GETRAUT

Nach der Aufregung um Album-Cover, Liedtexte und Nationalhymne wirbelte im Februar 2019 eine Preisverleihung an Andreas Gabalier erneut Staub auf. Die Münchner Faschingsgesellschaft Narrhalla verteilt seit 1973 jedes Jahr den Karl-Valentin-Orden. Diese 15 Zentimeter große vergoldete Karl-Valentin-Figur mit Dreirad ging zum Beispiel schon an den Fußballer Philipp Lahm, den Schlagersänger Heino oder den Schauspieler Til Schweiger, aber auch an Politiker wie Edmund Stoiber oder Roman Herzog. Wofür? Für eine humorvolle beziehungsweise hintergründige Bemerkung im Sinne von Karl Valentin, für eine Rede oder Handlung, für ein Zitat, welches in der Öffentlichkeit publik wurde, so die Münchner Faschingsgesellschaft. Karl Valentin, mit bürgerlichem Namen Valentin Ludwig Fey (1882–1948), war ein deutscher Komiker, Volkssänger, Autor und Filmproduzent, der Erfolg in den 1920er und 1930er Jahren feiern konnte. Seinen skurrilen Humor zeigte er in Filmen und Theaterstücken, in denen oft seine Partnerin Liesl Karlstadt mitspielte.

2019 wurde dieser Preis nun an Gabalier verliehen mit folgender Begründung: Karl Valentin habe sich zeitlebens als Volkssänger gesehen. Die Narrhalla zeichne Andreas Gabalier, den selbsternannten, patentierten Volks-Rock'n'Roller, der es verstehe, volkstümliche Musik mit Stadionrock zu verbinden und für den sein geliebtes München zum Epizentrum des Volks-Rock'n'Roll wurde, als »Volkssänger 2.0« für seine künstlerische Leistung als 49. Ordensträger mit dem Karl-Valentin-Orden aus.

Diese Entscheidung rief sofort eine Reihe von Kritikern auf den Plan. Zum Beispiel die Direktorin des Münchner Valentin-Karlstadt-Musäums, Sabine Rinberger. In einem Interview sagte sie zu der Preisverleihung, da drehe es ihr den Magen um, da stelle es jedem die Haare auf. Sei doch Karl Valentin Münchens größter Künstler und Andreas Gabalier habe mit dieser Art der Kunst nichts gemeinsam. Der Rechtsanwalt Gunter Fette, der den Nachlass Valentins verwaltet, sagte im Hinblick auf die bereits an Gabalier geäußerte Kritik, es sei nicht hinzunehmen, dies mit dem Namen Karl Valentin in Zusammenhang zu bringen. Dieser Kritik wiederum trat der Vizepräsident der Narrhalla, Günter Malescha, entgegen, er habe kein Verständnis für diese Vorwürfe. Einer Zeitung sagte er, oberflächlich betrachtet entstehe für den ein oder anderen der Eindruck, Gabalier sei der rechten Ecke zugeneigt. Schaue man aber genau hin, sei das nicht haltbar. Auch den Vorwurf der Frauenfeindlichkeit wies er zurück: »80 000 Mädels in einem Stadion irren sicher nicht!«

Die Preisverleihung an den damals 34-jährigen Sänger fand im Rahmen des Großen Festballs des Faschingsvereins Narrhalla im Deutschen Theater in München statt. Bei diesem Ball wird auch das offizielle Faschingsprinzenpaar der Stadt München vorgestellt, doch Höhepunkt des Abends ist die Verleihung des Ordens. Mit dabei war auch das Schlager-Urgestein Peter Kraus, der die Laudatio hielt. Darin nannte er Gabalier einen »jungen, gutaussehenden Lederhosenfreak, der den Rock'n'Roll zu neuen Höhen empor katapultiert« habe. Andreas Gabalier kam im blauen Sakko mit goldener Fliege über der Lederhose und bedankte sich aus »tiefstem steirischen Herzen« für die Würdigung. Er wies in seiner Dankesrede die Vorwürfe zurück und sagte, wenn alle Leute so tolerant wären wie er, hätte man, so glaube er, auf dieser Welt keine Sorgen, wofür er Applaus erhielt. Und die Medien hätten aus einer Fliege einen Elefanten gemacht.

MÜNCHEN: WIEGE DES ERFOLGS

Zu München, der bayerischen Landeshauptstadt, hat Andreas Gabalier eine besondere Beziehung, und das hängt nicht mit dem Dialekt zusammen, wenn auch das Bayerische der steirischen Mundart auf jeden Fall näher liegt als zum Beispiel der sächsische Dialekt. Nein, es geht eher um den Erfolg, den Andreas hier feiern konnte, als er das Olympiastadion 2016 zum ersten Mal mit seinen Fans füllte. Immerhin passen dort um die 70 000 Menschen hinein. Inzwischen sei München, so heißt es in der Presse, das »Epizentrum« des Volks-Rock'n'Rolls geworden. Dieser Erfolg war ihm in der Stadt nicht geschenkt worden, wie sein erster Auftritt zeigt. Dieses Debüt fand 2011 in der Fraunhofer Schoppenstube statt, ein unglaublich charmantes kleines »Beisl«, so Andreas im Rückblick. Damals seien in der Kneipe bei seinem Auftritt fünf oder sechs Presseleute anwesend gewesen, und noch einmal so viele Besucher. Also ein ziemlich überschaubarer Rahmen. Die Fraunhofer Schoppenstube war eines der berühmtesten Nachtlokale der Stadt, das dann allerdings im Juni 2013 schließen musste. Das Lokal war eine Art Geheimtipp, in dem sich nächtens ein buntes Publikum zusammenfand, von Prominenten über Taxifahrer, Schriftsteller, Ärzte nach der Spätschicht oder Leute aus dem Rotlichtmilieu. Bekannt war sie vor allem wegen der Wirtin, die für die besondere Atmosphäre in der Schoppenstube sorgte, die bis nachts um drei Uhr offen hatte.

2014 hatte sich Andreas in München bereits von dort zum Königsplatz vorgekämpft: Im Juli dieses Jahres gab er dort vor 22 000 Zuschauern ein Konzert, das größte seiner damaligen Tournee. Die Presse schrieb dazu, Gabalier habe mit seinen 29 Jahren nun genug Erfahrung gesammelt, um seine Fans innerhalb von Sekunden auf seine Seite zu ziehen. Und in der Tat, als Andreas die Bühne betrat, jubelte und kreischte vor allem das weibliche Publikum, fast immer im Dirndl und die Männer mit den obligatorischen rot-weißen Hemden. Es ist ein bisschen wie auf dem Oktoberfest. Eine Zeitung schreibt über den Erfolg des Steirers, er unterscheide sich von seinen Kollegen aus der Volksmusikecke, weil er sich nicht so ernst nehme, dabei zwar gängige Klischees bediene, aber mit diesen auch spiele. Er habe Tracht und die Tradition aus der Ecke geholt und beiden eine Portion Coolness verpasst. Ein anderer Journalist schreibt, die Band sei mehr als respektabel und Gabalier fülle mit seiner Rock-Stimme und seiner Präsenz die Bühne auch fast allein aus. Auch seine ergreifende Ballade »Amoi seg' ma uns wieder« gehört auf dem Königsplatz zu seinem Repertoire, das Publikum hält sich an die Bitte Gabaliers, nach dem Lied nicht zu klatschen. Ansonsten gehen die Fans voll mit, es herrscht eine Riesen-Gaudi auf dem Platz. Zwei enorme Bildschirme links und rechts der Bühne übertragen die Gesten des Sängers, sodass der auch von weit hinten zu sehen ist. Es ist ein Sommertag und als Andreas anfängt, »Bayern, des samma mir« von Haindling zu singen, klatschen alle im Rhythmus begeistert mit.

Im November 2015 steht Andreas wieder in München auf der Bühne: diesmal in der Olympiahalle. Die ist Teil des Olympiaparks, der anlässlich der Olympischen Spiele in München 1972 gebaut wurde. Berühmt ist ihre Zeltdachkonstruktion. Die Halle ist der größte geschlossene Veranstaltungsort in der bayerischen Landeshauptstadt und damit der obligatorische Auftrittsort, wenn Musik-Größen in der Stadt spielen. Wo während der Olympischen Sommerspiele das Finale der Handballer stattfand, traten schon Stars wie Elton John oder Eric Clapton auf.

An die 15 000 Plätze umfasst die Halle und diese waren fast alle gefüllt, als Andreas im November auf die Bühne kam. Das Outfit war wie gewohnt: ärmelloses T-Shirt, kurze Lederhosen mit Hosenträgern, das rot-weiße Tüchlein um den linken Oberarm gebunden. Er erinnert daran, dass es vor sechs

Jahren nur ein kleines Gedicht gegeben habe, wie alles ganz, ganz klein im Studio-Keller bei einem »Flascherl Bier« begonnen habe, und jetzt stehe er hier in der Olympiahalle auf der Bühne, der steirische »Bua«. Angesichts der Lebensfreude des Publikums gehe einem einfach das Herz über. Das gilt auch für die Atmosphäre, wenn Andreas etwa zu seiner Harmonika »Auf der Alm« spielt, begleitet von seiner Band, im Hintergrund zwei Sängerinnen – natürlich im Dirndl – hinter den Mikrofonen. Mittlerweile steht Andreas mit sechs anderen auf der Bühne – die Show wird immer ausgefeilter, das Equipment immer umfangreicher. 50 Techniker, Fahrer und Roadies sind mit ihm auf Tour, an die 80 Tonnen Material werden bei den Auftritten verbaut. Der Steirer tobt zwei Stunden über die Bühne, am Schluss ist er verschwitzt.

Passen in die Olympiahalle an die 15 000 Besucher, sind es im Olympiastadion, das nur ein paar Gehminuten entfernt liegt, fast 70 000. Es war der Ort der Eröffnungs- und Schlusszeremonien der Olympischen Spiele 1972 und hier fanden auch die Spiele der Fußball-Weltmeisterschaft 1974 statt. Die Arena war bundesweit das erste deutsche Stadion mit einer Rasenheizung. Es zählt zu den wichtigsten Bauten der Nachkriegsarchitektur und ist eines der Wahrzeichen von München. Seit 1982 ist das Stadion die größte Bühne der Stadt und 2016 ist es so weit: Andreas Gabalier, der in München in der Schoppenstube begann, erobert das Stadion und gibt dort sein erstes Open-Air-Konzert! An die 70 000 Zuschauer verwandeln die ausverkaufte Arena Ende Juli in ein einziges Trachtenmeer.

Das Konzert findet statt, obwohl man in der Stadt noch um die neun jungen Menschen trauert, die am 22. Juli 2016 von einem 18-jährigen Amokläufer in einem McDonalds-Restaurant am Olympia-Einkaufszentrums erschossen worden waren – nicht in unmittelbarer, aber doch in der Nähe des Stadions. Beim Auftritt von Andreas gibt es verschärfte Personalkontrollen und ein Verbot von Rucksäcken, er selbst ist vor dem Konzert mal wieder auf den Zirbitzkogel geklettert, um dort oben ein Kerzlein anzuzünden. Das Konzert ist seit Weihnachten ausverkauft, die Fans warten, es gibt kein Zurück – the show must go on. Es wird wieder ein Festival der Dirndl und Lederhosen mit rockigen Klängen des Volks-Rock'n'Rollers, der »Hände in die Luft« fordert und alle machen mit, klatschen die Melodie, die von der Bühne über das große Olympiastadion schwebt. Andreas hüpft mit seinem Astgabel-Mikrofon herum und wackelt wie gehabt mit dem Hintern, doch bei seinem Hit »I sing a Liad für di« gibt die Sound-Anlage den Geist auf, was die Band aber wegen ihrer Kopfhörer nicht bemerkt und das Lied so stumm zu Ende spielt. Zum Glück erholen sich die Lautsprecher und das Konzert geht mit Ton weiter, später wird die Presse von »ekstatischer Volksfeststimmung« schreiben. Nach satten drei Stunden an einem lauen Sommerabend beklagt Andreas dennoch, dass man wegen der Sperrstunde nicht weiterspielen dürfe. So findet auch diese »größte Volks-Rock'n'Roll-Party der Welt« ihr Ende.

ANDREAS WIRD POPSTAR

Bis 2013 war Andreas Gabalier zwar schon auf vielen Bühnen in Österreich und Deutschland gestanden, vor der Kamera als Schauspieler aber noch nie. Das sollte sich ändern, als in Bayern die 300. Folge der Fernsehserie »Die Rosenheim-Cops« gedreht wurde. Die Krimi-Serie läuft seit 2002 im Vorabendprogramm, spielt im oberbayerischen Rosenheim und der vielleicht bekannteste Schauspieler darin war der 2020 verstorbene Joseph Hannesschläger, der einen Kommissar spielte. Für die Jubiläumsfolge wurde Andreas Gabalier angefragt, ob er nicht eine Rolle übernehmen wolle – und der Volksmusiker wollte. Die Dreh-Geschichte geht so: Der 300. Geburtstag eines gewissen Johann-Baptist Knauff – ein ziemlich unbekannter Komponist und Sohn der Stadt Rosenheim – soll zum Jahrestag nun endlich gebührend gefeiert werden und Eventmanager Hubertus Wallner will das Jubiläum als großes Spektakel aufziehen. Er engagiert schließlich den Popmusiker Fabrizio Frey, der – wer hätte es gedacht – aus Graz stammt. Klar, dass Andreas diese Rolle übernimmt, die ihm auf den Leib geschrieben ist. Und klar auch, dass es im Krimi einen Toten geben muss, in dieser Folge ist es ein Mitarbeiter im Rosenheimer Stadtarchiv, den ausgerechnet Popstar Fabrizio Frey alias Andreas Gabalier findet, der mit dem Archivar morgens verabredet war.

Gedreht wurde die Folge mit dem Namen »Mozarts kleiner Bruder« im Oktober 2013 im Karmelitenkloster Reisach in der Nähe von Kiefersfelden. Auf die Frage was für ihn anstrengender sei, singen oder schauspielern, sagte der damals 29-Jährige dem ZDF, auf jeden Fall sei der Dreh anstrengender. Er sei ab sieben Uhr morgens zum Set gekommen und habe bis abends gedreht, was sehr anstrengend gewesen sei. Man sage zwei Sätze, dann sei wieder fünf Minuten Pause, dann wieder zwei Sätze und so weiter. Aber Andreas wollte diese Herausforderung unbedingt mitnehmen. Gelernt hat er seinen Film-Text in den Pausen. Lederhosen gab es übrigens diesmal keine, Andreas tritt in der TV-Serie in Jeans und mit schwarzer Lederjacke auf.

BERGFAN AUF HOHER SEE

Andreas hat schon einiges über seine Hobbies erzählt, zum Beispiel dass er gerne und anhaltend Sport treibt, dass er sich auch gerne auf sein Motorrad, eine Ducati schwingt oder dass er das Bergsteigen liebt. Über ein Hobby aber hat der Superstar bisher kaum ein Wort verloren.

Machen wir es ein bisschen spannend und geben einen kleinen Hinweis: Es hat mit der Zeit zu tun, als Andreas als Jugendlicher im Alter von 13 bis 15 Jahren in den Ferien am Wörthersee jobbte. Bei einem Freund seines Vaters, der in der Bucht von Velden einen Bootsverleih betrieb, und bei dem Andreas unter anderem für den Verleih der Elektroboote zuständig war. Die Großeltern hatten in der Nähe ein Grundstück, das mittlerweile von den drei Gabalier-Brüdern weiter gepflegt und gehegt wird. Der See wurde quasi zur zweiten Heimat von Andreas, der hier auch in den Bars gekellnert hatte. Auch heute noch schwärmt er davon, wie entschleunigend es sei, mit dem Boot um den See zu fahren.

Deshalb hat er ein eigenes Boot, wie er in einem Interview in 2023 verriet. Und zwar eines der Schweizer Firma Boesch, mit Baujahr 1984. Dieses Boot hat er restaurieren und einen Elektroantrieb einbauen lassen.

Die Firma hat ihren Sitz im schweizerischen Kilchberg und baut Boote seit 1921. In den 1940er Jahren wurden die ersten schnellen Motorboote entwickelt, doch wegen der Materialknappheit durch den Krieg konzentrierte man sich auf den Bau von Segel- und Ruderbooten. Ab 1952 spezialisierte sich das Unternehmen dann auf den Bau von Motorbooten, der Segelbootbau wurde eingestellt. In den 1960er Jahren festigte das Unternehmen seinen Ruf als Hersteller von Edelbooten, die von der Prominenz gefahren werden: von Romy Schneider zum Beispiel oder Freddy Quinn und Udo Jürgens. In den 1980er Jahren produziert Boesch klassische Mahagoniboote, ein Modell aus diesen Jahren ist im Besitz von Andreas Gabalier. Das sei »echte Handwerkskunst« schwärmt der Grazer.

DER »MOUNTAIN MAN«

Am 15. Mai 2015 erschien das neue Album von Andreas Gabalier mit dem Titel *Mountain Man*, es ist das fünfte Studio-Album. Nach dem Alpen-Elvis und dem Volks-Rock'n'Roller gab sich der Grazer Sänger ein weiteres Pseudonym, war jetzt der »Mann der Berge«, wie der Titel ins Deutsche übersetzt heißt. Damit blieb sich Andreas natürlich inhaltlich treu, handelten doch viele seiner Songs von den Bergen, der Kameradschaft, den Almen und den Bergwiesen. Das Cover kam diesmal ohne Foto aus, Andreas schwebte vielmehr als gezeichneter Muskelmann durch die Lüfte. Das Outfit war das gewohnte: Lederhosen und knappes T-Shirt. Doch aus dem rot-weißen Schneuztücherl war nun ein Umhang geworden, wie sie viele Comic-Superhelden tragen, von Batman bis Superman. Im rechten Arm trägt der Grazer Superheld ein »Weiblein«, mit grünem Dirndl, nackten Füßen und roten Haaren, in denen ein Blumenkranz steckt. Umrahmt wird der Mountain Man von drei weißen Tauben, auf seinen Schultern tummeln sich ein Engelchen und ein Teufelchen. Im Hintergrund geht die Sonne über einer Berglandschaft auf und irgendwo steht noch ein Rehlein herum. Der Schuss Selbstironie ist nicht zu übersehen.

Das Album versammelt 13 Lieder, die wieder fast alle von Andreas selbst getextet sind. Bei dem Song »Mountain Man«, der dem Album den Titel schenkte, gab es allerdings nicht viel zu texten. Recht überschaubar wird darin gefragt: Wer ist so stark, wer ist so superstark? Und wer hat die Kraft, die Superkraft? Natürlich der Mountain Man, der am Berg wohnt und einen Umhang anhat. Doch die Musik mit harten Beats und das dazugehörige Video zeigen wieder das ironische Spiel mit Klischees, was den Mountain Man alias Volks-Rock'n'Roller vor dem Absturz bewahrt. Denn ohne dieses Spiel bliebe eben nur das Klischee.

Ansonsten erinnert die Bandbreite der Themen zunächst an die bisherigen Alben. Es geht natürlich ums »Dirndl lieben« (»Schön, so schön, kann die Liebe sein«), um das »Edelweiß« (»Du blühst hoch und verborgen«) oder um die »Seezeit« (»Pack die Bodehosn ein«). Die ausgearbeiteten musikalischen Arrangements sind vielfältig und reichen von fetzigem Rock bis zur leisen Ballade, erneut eine Mischung aus traditionell und modern. Mit Swing kommt Andreas' Version von »Probier's mal mit Gemütlichkeit« aus dem »Dschungelbuch« daher. »Hulapalu« ist ein Party-Hit mit Elektro-Beats, der gerne von den Zuschauerinnen (und Zuschauern) mitgesungen wird (»Ich und du und nur der Mond schaut zu«) und zum Tanzen anregt. Der Titel wurde aus dem Album ausgekoppelt und erschien im Februar 2016 als Single, er wurde aus dem Stand heraus ein Superhit.

Neue Wege geht Andreas, wenn er mit »A Meinung haben« ein politisches Thema aufgreift. Wie kann es sein, dass ein paar Leute glauben zu wissen, was ein Land so will, fragt er in dem Lied. Und weiter zu Geigen- und Gitarrenklängen postuliert er: Eine Meinung haben, dahinterstehen, die Welt mit eigenen Augen sehen und nicht alles glauben, was ein paar Leute so reden. Natürlich wurde das Lied öffentlich kritisiert, Gabalier umgebe sich mit der Aura eines Rebellen, was seinem Bekenntnis zu Heimat und Tradition von vornherein etwas Trotziges verleihe, analysiert dazu ein Münchner Kulturwissenschaftler in einem Interview.

Je höher Andreas Gabalier steige, desto frostiger werde die Luft, die ihm bisweilen in den Medien entgegenblase, schrieb dazu seine Plattenfirma Universal. Der Grazer Sänger selbst sagt zur Medienkritik, er schüttele das ab und stehe dazu und sage, was er sich denke. Kritik hin oder her, jedenfalls startete das Album durch und wurde zur Nummer Eins in den Charts.

KLAVIER À LA GABALIER

Das Klavierspielen lernte Andreas Gabalier in seiner Kindheit nur unter dem Druck der Mutter, er selbst spielte lieber draußen. Doch dank der Klavierstunden beherrscht Andreas auch dieses Instrument, wenn er auf die Bühne geht. Und wenn er in die schwarzen und weißen Tasten haut, dann nicht auf einem gewöhnlichen Flügel aus den großen Häusern der Klavierbauer. Sondern auf einer Spezialanfertigung extra für den Grazer Superstar, das dieser sich für eine Tournee 2013 hat bauen lassen. Das Äußere des Flügels ist in rustikalem Holzornament gehalten, während der Innenraum weiß-rot verkleidet ist, eine Hommage an das Tücherl, das Andreas immer bei Auftritten trägt. Das Innere des Deckels ist verspiegelt. Der Clou des Instruments aber sind die Beine. Zwei davon sind Frauenbeine in schwarzen Stöckelschuhen, die anderen beiden sind als stämmige Waden gehalten, die in Strümpfen und Lederhosen münden. Andreas erzählt dazu, das Klavier sei seine eigene Idee gewesen, er wollte etwas Neues und Zünftiges für seine Tournee haben. Es sollte bei seinem Abschlusskonzert in Österreich zum Einsatz kommen, um dort den Zuschauern etwas Neues bieten zu können. Angefertigt wurde das originelle Instrument übrigens von Gabaliers Freund, dem Tischler Edwin Hochegger. Wenn Andreas dann mit seiner Lederhose und dem ärmellosen T-Shirt und auf einer Art Melkschemel sitzend darauf spielt und von den Bergen und der Heimat singt, dann passen Instrument und Musiker bestens zusammen. Auch was die Melodien angeht, die er den Tasten entlockt. Keine Klassik, wie sie ihm die Klavierlehrerin damals beibringen wollte. Sondern Alpenrock, so wie er ihn mag.

SCHLAGABTAUSCH MIT DER PRESSE

Im Dezember 2018 beendete Andreas Gabalier seine Hallentournee mit einem Konzert in Wien. Vor 14 500 Fans ließ er es dabei in der Stadthalle etwas krachen, als er zwei österreichische Zeitungen von der Bühne herab kritisierte: die Tageszeitung *Der Standard* und das Wiener Wochenblatt *Falter*, deren Redakteure »undercover« in der Halle seien, um »verheerende Geschichten« über ihn zu schreiben. Denn Andreas sah sich durch die Berichterstattung der beiden Blätter in die rechte Ecke gestellt – zu Unrecht, wie er meint. Also teilte er ein wenig aus: Da die Chefredakteure der Zeitungen nichts von Tradition und christlichen Festen hielten, könnten sie ja an Weihnachten als Ochs und Esel in einer Weihnachtskrippe auftreten. Hintergrund war hier die von Andreas gesungene Nationalhymne in der alten Version (siehe Kapitel »Wirbel um die fehlenden Töchter«). Andreas kritisierte, dass die Zeitungen dafür, dass sie einen »Quargl« über ihn abdruckten, Presseförderung in Millionenhöhe bekommen würden. Und er sei sich bewusst, dass er für diese Medienkritik morgens wieder »beichten« gehen müsse.

Der *Falter* reagierte auf den Angriff, indem dessen Chefredakteur Florian Klenk auf Twitter Gabalier aufforderte, zu einem Streitgespräch in die Redaktion zu kommen. Man wolle sich mit dem Star über Musik, Tradition, Heimat und den Missbrauch des Dirndls durch Demagogen unterhalten. Es dauerte dann bis zum Sommer 2021, bis dieses Gespräch zustande kam. Darin erklärte Andreas seinen Ärger über die Berichterstattung, so habe es über die Jahre hinweg Schlagzeilen über ihn gegeben, ohne dass man mit ihm gesprochen habe – irgendwann sei es dann genug gewesen. Er kenne das nur aus Österreich. Das Gespräch dauert eine Stunde und Andreas betonte darin, er sei kein »Steinzeit-Afferl«, das reaktionäres Gedankengut für gut befinde und beschwerte sich, dass viele positive Seiten von ihm nicht gezeigt würden. Dabei verteidigte er seine alten Texte in der Hinsicht, dass mit ihnen überhaupt keine Absicht in rechter Richtung verbunden gewesen sei. Und betonte noch einmal: Er habe nicht mit rechten Wörtern und Symbolen kokettiert, was ihm jahrelang vorgeworfen worden sei.

GABALIER IN DER CORONA-ZEIT

2020 war das Jahr, in dem Corona das Leben aller Menschen veränderte, natürlich auch das von Andreas Gabalier. Plötzlich war es vorbei mit großen Menschenansammlungen, es gab keine Konzerte und Festivals mehr, Kinos und Kneipen wurden geschlossen, wer konnte, verbrachte die Arbeitszeit im Homeoffice. 2020 wollte Andreas nach einer Auszeit eigentlich wieder zurück auf die Bühne kommen, doch die Pandemie machte ihm einen Strich durch die Rechnung. Drei große Fan-Treffen in Österreich, Deutschland und der Schweiz mussten abgesagt werden. Dazu gehörte auch der geplante Auftritt am 15. August auf dem Freigelände der Messe München mit 100 000 Fans. Auf den schon gedruckten Plakaten war Gabalier als stählerner Superstar zu sehen, rechts und links der Lederhosen guckten jeweils kleine Rehlein hervor. Das »Fan-Festival« wird als Highlight des Jahres angekündigt, bis dann der Veranstalter, die »Leutgeb Entertainment Group«, mitteilte, das offizielle Verbot für alle Großveranstaltungen im Land betreffe auch das Fan-Festival. Die deutsche Bundesregierung hatte am 15. April 2020 ein Verbot bis Ende August angeordnet. Doch die Karten behielten ihre Gültigkeit, so der Veranstalter, und das Konzert würde nachgeholt. Wann, das war zu diesem Zeitpunkt allerdings völlig unklar (2022 war es dann so weit).

Dachte Andreas zu Beginn der Corona-Maßnahmen noch, das könnte auch etwas Gutes haben, dass die Leute ein bisschen runterkämen, änderte sich seine Meinung im Laufe des Jahres, als alle Geschäfte außer den Supermärkten und Apotheken geschlossen waren. Teilweise war der Lockdown in Österreich auch rigoroser als in Deutschland. Er käme sich vor, sagte Andreas in einem Interview gegen Jahresende, wie in einem amerikanischen Katastrophenfilm, in dem die Erde stillstehe.

Für viele war diese Zeit auch eine Zeit der Trennung von den Angehörigen, zum Beispiel von den Eltern in Alten- oder Pflegeheimen. Auch Gabalier und seine Mutter mussten zu Hause bleiben, mit der Mama hielt er Kontakt über Video-Telefonate. Im Sommer besuchte Andreas dann seine Mutter mit dem Fahrrad, man aß zusammen Mittag oder trank Kaffee, mit genügend Abstand. Gegen Ende des ersten Corona-Jahres, zur klassischen Erkältungs- und Infektionszeit, wurden die Kontakte vorsichtshalber wieder seltener.

Statt live aufzutreten, nahm Andreas ein Weihnachts-Album auf, das er im November 2020 auf den Markt brachte. Titel: *A Volks-Rock'n'Roll-Christmas*. Darauf sind etliche Klassiker zu hören wie »Stille Nacht«, »Blue Christmas«, »White Christmas«, »Driving Home for Christmas« oder »Winter Wonderland«. Wie schon beim teilweise in Nashville aufgenommenen Album *Home Sweet Home* singt Andreas auf Englisch. Er schafft es aber auch, das österreichische Weihnachtslied »Es wird scho glei dumpa« mit seiner rauchigen Stimme im Gabalier-Stil zu interpretieren und so die heimische Volksmusik neben die typisch amerikanischen Weihnachtsklänge zu stellen. Die Auswahl sei sein persönlicher Geschmack, lässt er wissen, es sind 15 seiner Lieblingslieder zu Weihnachten.

Er selbst feierte das Weihnachtsfest (unter Corona-Bedingungen) in der Familie, traditionell wie schon immer mit einem Fondue – das mache wenig Arbeit und könne gut vorbereitet werden. Teure Geschenke spielen dabei keine Rolle, Andreas freut sich auch schon mal über Socken oder eine Tafel Schokolade, das Wichtigste sei die Zeit, die man gesellig miteinander verbringt.

Während des Lockdowns in der Corona-Zeit hatte auch Andreas viel Zeit zum Nachdenken. Das Ergebnis war ein Lied, das zu Hause an seinem Klavier entstanden ist, und das im April 2020 als Single erhältlich war – und sich mit den Erfahrungen der Menschen während der Pandemie auseinandersetzte. Das Lied »Neuer Wind« kommt ohne aufwendige Arrangements aus, die musikalische Einfachheit erlaubt so die Konzentration auf den Text. Und der erzählt davon, dass der Wind nun auf einmal von ganz woanders her weht, dass man erkennt, worum es im Leben wirklich geht und die Straßen leer sind, einfach nichts mehr geht. Und der Song versucht auch Mut zu machen, nach der Ebbe komme die Flut und Andreas hofft in dem Text, dass ein gespaltenes Land wieder zur Mitte zurückfindet. Damit greift der Grazer die heftigen Diskussionen auf, in denen die harschen Maßnahmen zur Bekämpfung der Pandemie auch sehr stark kritisiert wurden, ein Thema, das quer durch die Familien ging und die Gesellschaft spaltete. Das Video zur Single zeigt übrigens einen leerstehenden alten Bauernhof, den Film drehte ein Freund mit einer kleinen Handkamera.

Auch 2021 hat das Corona-Virus das Leben der Menschen noch fest im Griff. Im November des Jahres gibt Andreas ein Interview und darin erzählt er, er habe sich im Sommer gegen das Virus impfen lassen. Anders wäre es auch gar nicht möglich gewesen, weil er ja unterwegs zu TV-Shows war. Das war die Zeit, als das Reisen insgesamt sehr eingeschränkt war, wer fliegen wollte, musste Impfnachweise mit sich führen, nicht geimpfte Personen mussten massive Einschränkungen durch staatliche Stellen hinnehmen. Manche Länder wie Japan schotteten sich völlig nach außen hin ab oder führten auch für Geimpfte eine Quarantänezeit ein, neben der Maskenpflicht musste man auch einen negativen

Corona-Test vorlegen. Gabalier hatte sich lange überlegt, ob er sich impfen lasse, und sich dann schließlich dafür entschieden. Eine Impfempfehlung aber wollte der Volks-Rock'n'Roller nicht geben, so eine öffentliche Stellungnahme, wie sie etwa der österreichische Kabarettist Josef Hader gefordert hatte, sei ganz großer Zündstoff, glaubt er. Für Andreas lag das größte Problem in der Spaltung der Gesellschaft bezüglich der Pandemie, er plädierte deshalb für ein »halbwegs friedliches Miteinander«.

RÜCKKEHR ZUM NEUANFANG

Im Sommer 2022 ist es so weit: Die Pandemie beginnt abzuklingen, die Inzidenzzahlen verschwinden langsam aus den Tagesmeldungen, es öffnet sich das Tor zur Normalität. Und Andreas Gabalier bringt ein neues Album auf den Markt mit dem symbolträchtigen Titel: *Ein neuer Anfang*. So heißt auch eines der zwölf Lieder darauf, eine ruhige Ballade, in der der Grazer nachdenklich einen neuen Anfang besingt. Er fragt sich, wo er steht und was das Leben noch so bringen wird. Im Text erwähnt er zwar nicht wörtlich den Neuanfang nach dem Corona-Ausnahmezustand, sondern singt von der Liebe. Doch mit seiner eher generellen Aussage, er verstehe das Album als »Soundtrack zur Rückkehr ins Leben«, lässt er etwas Interpretationsspielraum.

Das Cover zeigt ein Kopfbild des Grazers, geschniegelt und gekämmt über einem See schwebend. Im Hintergrund ist das Münchner Olympiastadion zu sehen, unschwer an der zeltartigen Architektur zu erkennen, darin nochmals die Silhouette des Volks-Rock'n'Rollers mit Harmonika. Links oben geht das Cover in das Muster seiner rot-weiß karierten Tücherl über und unten versinkt die Sonne zwischen den Bergen – oder geht auf, je nach Blickwinkel.

Dieses Album entstand in Graz, in Berlin und auch wieder in den Sound Stage Studios nahe Nashville/Tennessee, wo Andreas bereits sein *Home-Sweet-Home*-Album aufgenommen hatte. Durfte ihn letztes Mal nur seine »Lieblingsjournalistin« und spätere Freundin Silvia Schneider dorthin begleiten, war dieses Mal der österreichische Rundfunk dabei, der eine 30-minütige Dokumentation über den Alpen-Elvis und die Entstehung des Albums drehte: von den ersten Notizen und Demo-Versionen der Lieder, die im eigenen Hausstudio in Graz entstanden sind, über die Studioaufnahmen in Berlin bis hin zu Nashville, wo Andreas am Mikrofon mit den amerikanischen Studiomusikern zu sehen ist.

Die zwölf Lieder des Albums folgen dem bisherigen musikalischen Weg des Grazers, spiegeln aber auch die Erfahrungen der Corona-Zeit wider. In »Jede Zeit und jeder Held hat seine Wunden« verliert der Held seine »Superkroft«, wenn er nicht mehr bei »ihr« ist, aber wenn es auch ein Ende für jedes Licht in finsteren Tagen gibt, sein Licht scheint immer für sie. In »Liebeleben« besingt Andreas die Liebe als die Kraftquelle des Lebens, von der Nordsee bis zur Südsee – und zwar nicht nur zwischen Frau und Mann, sondern auch zwischen »Mann und Mann« oder »zwei Mädchen dann«. Zu diesem Song meinte Andreas, es war ihm ein Anliegen, einmal reinen Tisch zu machen, jeder solle doch machen, was er wolle. Ein bisschen Schelte gehört mittlerweile zu seinem Leben, er habe sich daran gewöhnt. Etwas kurios mutet der Titel »Verdammt lang her« an, der natürlich an »Verdamp lang her« der Kölner Rockband »BAP« erinnert. Später hat

Andreas dazu erklärt, er habe das andere Lied nicht gekannt und der ähnliche Titel sei zufällig. Auf jeden Fall besingt er darin die vergangenen Zeiten, als Sechzehnjähriger in den 1990er Jahren, zusammen mit seinem Freund: Erinnerung an das Mofafahren, an den Walkman, an durchzechte Nächte, an das erste Schmusen, den Abitur-Ball – und wie dann irgendwann alles anders geworden ist. Eine Ballade, begleitet von der Akustik-Gitarre. Aus der Vergangenheit stammt auch das Lied »Mariandl«, genau gesagt aus dem Jahr 1947. Der Schlager wurde damals rasch zum Volkslied. Es geht darin um Mariandl aus dem Wachauer Landl, die das Herz des Sängers am Bandl hat.

Interpretiert wurde das Lied unter anderem von Conny Froboess in den 1960er Jahren und nun eben 64 Jahre später auch von Gabalier. Er liebe diese alten Lieder, sagt der Grazer, und wolle diese Songs aus längst vergangenen Tagen wiederbeleben, wobei er stille Töne anschlägt und sich auf Gesang, Klavier- und Violinbegleitung beschränkt. Ebenfalls mit Geigenklängen und einem Hauch dramatischem Paukendonner beginnt »Die One-Man-Show«, in der Andreas seinen eigenen Werdegang zum Thema nimmt und im englischen Refrain den Weg vom ersten Lied im Radio zum Münchner Olympiastadion besingt. »I find ka ruh« ist wieder ein getragenes Liebeslied, in dem er nur zur Ruhe kommt, wenn »I di donn bei mir hob«. Wie er früher die Berge besang, nimmt Andreas auch im Album *Ein neuer Anfang* wieder eine Region als Thema: »Südtirol« handelt von dem schönen Land mit Bächen und blauen Seen, freilich geht er hier ein wenig »fremd«, wenn im Text von »Mein einzig Heimatland« die Rede ist, wo doch Andreas Gabalier in Graz beziehungsweise in der Steiermark zu Hause ist, was er auch oft schon besungen hat. Neben dem Kinderlied »Ram Sang Song« findet sich auf dem Album noch »Bügel dein Dirndl gscheit auf« in dem es natürlich um das »Dirndl« geht, und schließlich der Song »Immer wieder«. Der Text ist aufbauend: Auch wenn das Leben nicht immer fair ist, geht immer wieder die Sonne auf und aus Schatten wird dann Licht.

In verschiedenen Interviews zu dem neuen Album erzählt Andreas, wie es ihm in der Corona-Zeit ging und wie der neue Anfang danach war. So sei die Pandemie schon eine »beinharte« Zeit für Künstler und Kulturschaffende gewesen, anders als man es sonst gewöhnt gewesen sei. Auch jetzt – 2022, als das Album erschien – sei es noch schwierig, aber man müsse nach vorne schauen und die Leute dazu bewegen, wieder aus dem Haus zu gehen. Für die Lieder auf dem neuen Album habe er sich so viel Zeit genommen wie nie zuvor, er hat sich ein kleines Gesangs-Studio eingerichtet und alle Songs auch wieder selbst geschrieben. Dabei ist »Jede Zeit und jeder Held hat seine Wunden« sein Lieblingslied, es soll ausdrücken, wie verwundbar wir eigentlich sind. Zum Beispiel wenn so etwas kommt wie Corona. Den Song »Neuer Wind« würde er allerdings heute anders schreiben beziehungsweise anders enden lassen. Im Text heißt es am Ende, ein gespaltenes Land finde wieder zur Mitte zurück. Das würde er so nicht mehr schreiben, vielmehr habe er das Gefühl, dass das Land inzwischen noch gespaltener ist. Dass das Album auch viele fröhliche Lieder enthält, hat damit zu tun, dass Andreas den Leuten wieder altgewohnte Lebensfreude vermitteln wollte, die lange Zeit auf der Strecke blieb, sie sind Teil der Mischung aus Pandemie-Zeit und dem Ausblick auf eine helle Zukunft.

Und wie steht es um seine Zukunft? Ist die hell, vielleicht mit einer neuen Liebe für Andreas? Nein, sagt der Grazer im Interview, in den vergangenen Jahren habe die Karriere ganz im Vordergrund gestanden, das Privatleben eher im Hintergrund. Zwar war spekuliert worden, ob sich etwas mit der Schlagersängerin Beatrice Egli anbahne, die Andreas Gabalier bei einem Auftritt ein Küsschen auf die Wange gegeben hatte. Doch der wiegelt ab: Das sei nur als Dank dafür gewesen, dass er eingesprungen sei, weil andere Kollegen wegen Covid-Erkrankungen nicht auftreten konnten. Er bleibt in Sachen Liebe aber optimistisch: Man könne nichts erzwingen, er sei sich aber ganz sicher, dass da eine neue Liebe kommen werde. Die Frau an seiner Seite sollte dabei einen Sinn für Humor haben und ihn nehmen, wie er ist.

ANDRE BRANCHE, GLEICHE ANSICHTEN

Monika Gruber und Andreas Gabalier sind befreundet, seit sie in der Check-in-Schlange am Flughafen ins Gespräch gekommen sind. Eigentlich spielen sie ja in unterschiedlichen Genres: Andreas Gabalier steht als Schlagerstar beziehungsweise Volks-Rock'n'Roller auf der Bühne, Monika Gruber ist als Kabarettistin mit scharfer Zunge und unermüdlichem Mundwerk bekannt. Die Zuschauer kennen sie vor allem aus ihrer Zeit beim Bayerischen Rundfunk, als sie in verschiedenen Comedy-Reihen wie »Kanal fatal« oder »Grünwald Freitagscomedy« auftrat. Außerdem spielte sie verschiedene Rollen in TV-Serien und trat mit mehreren Soloprogrammen auf der Bühne auf. Im März 2024 gab sie in München in der Olympiahalle ihre letzte Vorstellung und verabschiedete sich von der Bühne. Zuvor hatte sie 2020 das Buch *Und erlöse uns von den Blöden – vom Menschenverstand in hysterischen Zeiten* und 2023 das Buch *Willkommen im falschen Film – Neues vom Menschenverstand in hysterischen Zeiten* veröffentlicht. In den Büchern nimmt sie eine kritische Position zu »Woke-Aktivisten«, der »Fridays for Future«-Bewegung oder den Maßnahmen zur Corona-Pandemie ein, 2023 organisierte sie eine Demonstration gegen die Klimapolitik der Grünen. Diese politischen Positionen und Aktivitäten wurden wiederum von den Medien als »rechtsoffen« kritisiert, die Kabarettistin habe sich seit Längerem »direkt ins Herz der Rechten« geschimpft.

Monika Gruber hat also mit Andreas einiges gemeinsam: Dass auch sie für ihre Meinungsäußerungen kritisiert wird, dass sie kein Darling der Presse (mehr) ist, sondern mit dieser eher im Clinch liegt. Gemeinsam haben die beiden übrigens auch, dass sie Träger des Karl-Valentin-Ordens sind.

ANDREAS' GANZ PERSÖNLICHER SUPERSTAR

Im Sommer 2023 kommt eine neue Single von Andreas Gabalier auf den Markt: »Superstar« lautet der Titel, der einen auch ganz schön in die Irre führen kann. Denn es geht nicht um die Superstars auf der Bühne, auch nicht um die eigene Karriere des Volks-Rock'n'Rollers. Sondern im wörtlichen Sinne um einen Stern, genauer um das Sternbild Pegasus am Firmament. Es ist nach dem gleichnamigen geflügelten Pferd benannt und dieses Sternbild zählt Andreas Gabalier zu seinen persönlichen Glücksbringern. Es sei sein »persönlicher Drache«, so Andreas in einem Interview, den er früher gerne in der Nacht am Himmel angesehen habe. Getextet hat er dieses Lied selbst und das Musikarrangement stammt wieder von Mathias Roska aus Berlin. Der Text erinnert ein wenig an »Weißt du, wie viel Sternlein stehen«, kommt aber musikalisch flott daher. Und es steckt wieder die spezielle Alltags-Philosophie des mittlerweile ziemlich erwachsen gewordenen »steirer Buam« drin: Erst schaut das Sternbild ihn immer von oben herab an, und wenn die eigene Zeit auf Erden vergangenen ist, dann blickt man von »oben« hinunter auf das Sternbild. Das, so singt es Andreas, nie vergeht. Präsentiert wurde der neue Song im Juli 2023 bei Florian Silbereisen in seiner Show »Schlagerboom – Open Air« in Kitzbühel. Dabei verriet Andreas auch, dass er dieses Lied seiner verstorbenen kleinen Schwester Elisabeth (sie nahm sich das Leben) gewidmet habe. Immer wenn er zum nächtlichen Himmel hinaufschaue und das Sternbild sehe, denke er an sie, so Andreas. »Tränen-Drama«, titelten dann auch die Medien über diese Hommage an seine kleine Schwester.

»KLIMAFASCHING« IN ISCHGL

Wenn Andreas Gabalier nicht auf der Bühne steht, ist er gern in der Natur unterwegs. Umgekehrt wurde seine Bühne auch schon dazu zweckentfremdet, um auf den Klimaschutz aufmerksam zu machen. Im April 2024 rockte der 39-jährige Schlagerstar wie so oft in Lederhosen und mit der

Gitarre in der Hand beim »Top oft he Mountain Spring Concert« in Ischgl, als zwei junge Männer auf die Bühne kletterten. Sie gehörten zum österreichischen Ableger der »Letzten Generation«. In einem Video haben die Klimaschützer diese Aktion festgehalten: Als Andreas das Publikum fragt, wie »textsicher« Ischgl sei, klettern ein junger Mann mit Kappe und ein zweiter mit Mütze auf die Bühne. Dabei haben sie ein gelbes Spruchband, das sie entrollen wollen. Doch schon ist einer der Sicherheitsmänner da und packt die beiden am Arm. Sie können gerade noch buntes Konfetti in die Luft werfen, dann werden sie von der Security zu Boden gebracht und schließlich weggetragen. Andreas steht im Hintergrund der Bühne, sieht der Aktion, die nicht einmal eine Minute dauert, zu und fragt schließlich, ob das wohl eine Faschingseinlage oder so sei. In dem auf X veröffentlichten Video antworten die Klimaretter darauf: »Die Klimakrise ist keine Faschingseinlage«, heißt es dort. Der Protest richte sich auch nicht gegen Andreas Gabalier, seine Musik oder die Fans. Doch man habe keine Zeit mehr zu verlieren und müsse jede Möglichkeit nutzen, um auf den drohenden Klimakollaps aufmerksam zu machen. Andreas sagt später in einem Interview zu dem Vorfall, er fände es gut, wenn sie Sinnvolleres für das Klima täten, als auf Bühnen zu hupfen oder Straßen zu blockieren. Solange noch viele Kohlekraftwerke in China und Japan betrieben würden, werde die Welt auch nicht gesünder, wenn wir hier noch mehr Fahrrad führen.

SPEKULATIONEN UM DIE NEUE SINGLE

Im Mai 2024 veröffentlichte Andreas Gabalier eine neue Single mit dem Titel »Meine Liebe bleibt«. Angekündigt wird sie mit den Worten, sie begeistere mit energiegeladenen und rockigen Klängen, der moderne und emotionale Liedtext handele von Liebe, Sehnsucht und Leidenschaft. In der Tat macht der Text einen gereifteren Eindruck gegenüber früheren Liedern, aber Andreas ist ja auch älter geworden und wird noch im selben Jahr 40 Jahre alt. Die Verse kommen nicht mehr eindimensional daher, sondern lassen Raum für Interpretationen. Etwa wenn Andreas davon singt, er sei nur ein blinder Passagier neben »ihr«, der ins offene Messer rennt. Manche Bilder sind etwas verrutscht, so reiten beide zuerst in die Nacht, dann aber beschlagen die Scheiben des Autos, weil drinnen das passiert, was man »halt so macht«.

Einzelne Textstellen drücken Gefühle aus, die so vom Volks-Rock'n'Roller eher noch nicht zu hören waren, zum Beispiel wenn sein Herz vor Sehnsucht verbrennt, er von einem »Schrei aus Liebe« spricht.

Wenn Andreas singt, »Meine Liebe bleibt«, könnte man sich fragen, wem diese Liebe gilt und ob das etwas mit seinem wirklichen Leben zu tun hat. Oder andersherum: Hat Andreas Gabalier eine neue Freundin? Die Medien jedenfalls basteln sich daraus ihre Schlagzeilen: »Rätsel um neuen Song« heißt es da oder »Wem verspricht Gabalier HIER seine ewige Liebe?« Oder geht es um eine alte Liebe, um Silvia Schneider? Das Paar hatte sich 2019 nach sechs Jahren getrennt. Die Antwort muss offenbleiben, denn der Schlagerstar hält sich sehr bedeckt, was sein Liebesleben angeht. Auf entsprechende Fragen antwortet er, eines Tages werde schon die Richtige kommen.

MIT ZWÖLF LAUBBLÄSERN ÜBERS EIS

Man kann schon sagen, Andreas Gabalier macht vieles mit. Und ein paar Dinge sind dabei schon wirklich speziell. Wie zum Beispiel der Versuch, einen Weltrekord aufzustellen, indem er in einem Anzug, der von zwölf Laubbläsern angetrieben wird, über das Eis fährt. Das Ganze fand Anfang des Jahres 2024 im winterlichen Finnland statt. Dort hatte sich Andreas, angetan mit Winterkleidung und Schlittschuhen an den Füßen, in den Laubbläser-Anzug gezwängt, ein »Höllending«, wie der Schlagerstar meinte. Mit einem Gewicht von immerhin 50 Kilogramm. So einen Anzug hatte man noch nie gesehen und der ganze Rekordversuch war sehr ungewöhnlich. Die zwölf Gebläse schoben den 39-Jährigen an die 1,2 Kilometer über einen zugefrorenen großen See in Lappland. Mit dabei war auch die österreichische Skisprunglegende Thomas Morgenstern.

Ein Video zeigt die beiden auf dem Eis im Duell Kärnten gegen Steiermark. Die beiden kündigen ein »Schlittschuhrennen« mitten im Nirgendwo an sowie, dass alles unter 100 Stundenkilometer eine Niederlage sei. Und dann sieht man die beiden über das Eis brettern, auf dem Rücken die bunten Laubbläser. Sie hätten sich bemüht, heißt es dann später. Bei

Andreas sah die Bilanz so aus: drei Läufe, drei Stürze und eine Höchstgeschwindigkeit von 57 Stundenkilometern. Ex-Skispringer Morgenstern war erfolgreicher: Mit zwei Läufen stellte er mit 74 Stundenkilometern einen Weltrekord auf. Gabalier hatte es bei seinen Läufen schließlich die Füße weggezogen. Ursache dafür war eine frühere Knieverletzung, die er sich vor einem Jahr zugezogen hatte. Das Fazit der beiden: Wer später bremse, sei länger schnell.

DIE KONZERT-ROUTINEN DES ALPEN-ROCKERS

Man kann sich vorstellen, dass für Andreas die Vorbereitung auf seinen Auftritt vor Tausenden von Zuschauern eine große Rolle spielt. Soll er doch immer wieder auf das Neue die Erwartungen der Fans, eine tolle Show und einen gelungenen Konzert-Abend abzuliefern, erfüllen. Sicherlich eine große Herausforderung für einen Künstler. Wie also bereitet sich Andreas auf diese Auftritte vor?

Die Antwort darauf fällt ziemlich unterschiedlich aus, je nachdem, welchem Interview man Glauben schenkt. Eine Variante geht so: Vor jedem Konzert macht der Sänger erstmal eine Runde Sport und geht dann kalt duschen. Danach gibt es einen Fitnessriegel. Und während der Corona-Zeit hat sich Andreas angewöhnt, gegen 18:30 Uhr noch zwei kalte Bier zu trinken.

Aber auch schon vor Corona hat sich Andreas vor den Auftritten ein kleines Bier gegönnt, um sich ein bisschen zu entspannen. Weil der Adrenalin-Pegel schon nach oben geht und sich auch ein bisschen Nervosität bemerkbar macht. Aber es gebe in der Summe eine riesengroße Vorfreude, auch deswegen, weil man es geschafft hat, die Halle oder das Stadion vollzubekommen. Wenn Andreas dann auf eine Bühne wie die im Münchner Olympiastadion geht, spielt sich das ab wie in einem kleinen Rocky-Balboa-Film, also ein bisschen wie der Einlauf eines Boxers, hat Andreas 2016 erzählt: Der Gang durch die »Katakomben« des Stadions, bewacht von sechs Sicherheitsleuten und gefolgt von der halben Mannschaft, während die anderen den langen Weg vorausgehen.

Und in einem dritten Interview gibt es weitere Details zur Zeit unmittelbar vor dem Auftritt. So hat Andreas erzählt, sein Ruhepuls läge bei 40 Schlägen pro Minute – was sehr wenig wäre – und müsse erst auf »Betriebstemperatur« gebracht werden, deshalb putsche er sich mit einer Stunde Hanteltraining auf und höre Musik von Tina Turner oder den Stones. Immerhin: Auch hier darf das eisgekühlte Bierchen nicht fehlen.

Nach der Show hüpft er dann erstmal unter die Dusche. Bis er sich geduscht habe, werde es Mitternacht, dann geht es zum Treffen mit Freunden und Verwandten, sagt der Volks-Rock'n'Roller. Wenn man dann beisammensitze, könne es schon bis in die Morgenstunden gehen. Und das alles nach einer dreistündigen Show!

BERLIN UND BAYWATCH IN BAYERN

Bereits im Vorfeld gab es Kritik am Auftritt von Mario Barth bei der Gabalier-Show am 22. Juni 2024 im Olympiastadion. Während Andreas auf Instagram ankündigte, es sei ihm eine Freude, »Deutschlands erfolgreichsten Comedian« auf der Bühne begrüßen zu dürfen, fanden das einige Fans nicht so gut. Langsam werde es lächerlich, was da an Gästen komme, schrieb eine Userin, sie wolle Gabalier sehen und nicht irgendwelche Spezialgäste. Mario Barth ist bekannt für seine Live-Comedy-Shows vor großem Publikum, dabei füllt der Berliner die Zeit mit Themen aus der großen Beziehungskiste zwischen Männlein und Weiblein, und das gerne im Berliner Dialekt (»kennste, weeste«). Er tritt auch als Investigativ-Comedian in der Fernsehshow »Mario Barth deckt auf« auf und kommentiert dabei Fälle von Steuerverschwendung. Der 51-jährige Komiker wurde 2008 von den Lesern des Berliner Stadtmagazins *tip* schon mal zum »peinlichsten Berliner« gewählt. Was ihn von Andreas Gabalier trennt, ist sein gerne vorgetragener Dialekt, der so gar nicht zu Lederhosen und Almwiesen passt. Was ihn hingegen mit dem Grazer verbindet, ist die Fähigkeit, ganze Hallen zu füllen. Und dass auch er teilweise gegen den Mainstream schwimmt und den politisch korrekten Ansichten nicht folgen will. So schrieb er 2016 auf »Facebook«, es werde immer schwieriger zu schreiben, was man empfinde, man werde dann als »Hetzer« bezeichnet. Diese Haltung erinnert an Andreas Gabaliers Lied »A Meinung haben« und seine Kritik an den Medien. Auch das Gendern lehnt Mario Barth ab.

Auf Facebook kommentierten die Fans vor allem den Auftritt des Berliner Comedians als überflüssig. So schreibt Beate, er sei überhaupt nicht lustig, sondern nur peinlich gewesen. Andere kritisieren das ganze Vorprogramm mit Band als schlecht. Markus meint, Mario Barth gehe gar nicht, Jessica wiederum hingegen fand alle Künstler toll.

Freudig begrüßt wurde auf jeden Fall der zweite Stargast des Olympia 5.0-Konzerts, David Hasselhoff. Der 71-Jährige wurde von Andreas Gabalier auf der Bühne mit den Worten angekündigt, wer habe früher nicht die TV-Serie »Baywatch« gesehen? Diese amerikanische Fernsehserie lief von 1989 bis 2002 und handelt von den Einsätzen eines Teams von Rettungsschwimmern, deren Chef David Hasselhoff spielte. Sie wurde in 144 Ländern ausgestrahlt und war eine der erfolgreichsten Serien des 20. Jahrhunderts. Zuvor hatte Hasselhoff in der Serie »Knight Rider« mitgespielt. Bekannt wurde der Schauspieler aber auch als Sänger. 1989 nahm er den Hit »Looking for freedom« auf, der lange den ersten Platz der Hitparaden belegte.

Beim Auftritt im Münchner Olympiastadion kam Hasselhoff stilecht mit roter »Baywatch«-Jacke, Sonnenbrille und Rettungsboje, auch Andreas Gabalier lief mit diesem Outfit herum, freilich unten mit Lederhose. Ihre Rettungsbojen verteilten sie zwar nicht an die in Wasserpfützen stehenden Fans, aber zusammen sangen sie drei Songs, darunter die Ohrwürmer »Looking for Freedom« und »Crazy for you«. Die Kritikerin der *Süddeutschen Zeitung* sah in dem Auftritt des Schauspielers und Sängers übrigens einen »kleinen Lichtblick« jenseits von dräuender Heimatliebe und erdrückendem Rückwärtsblick, sei er doch seinerzeit für neue Freiheiten gestanden. Hasselhoff hatte vor einem Jahr seine eigene Show wegen einer ernsten Augeninfektion absagen müssen.

Andreas hat auf seinem Handy übrigens die »Baywatch«-Melodie als Klingelton. Und ab und zu besucht er auch echte Rettungsschwimmer, zum Beispiel 2021 am Wörthersee in der Velden-Bucht. Diese meist ehrenamtlichen Retter seien Helden, so Andreas, die an die 200 Einsätze pro Jahr meistern.

KEIN SCHLOSS AM WÖRTHERSEE?

Im Sommer 2024 schreckten Schlagzeilen die Gabalier-Fans auf: Verliert er seine Immobilie am Wörthersee? Gabalier darf sein Domizil nicht mehr betreten. Doch was steckte hinter solchen Schlagzeilen? Eigentlich ist von Andreas bekannt, dass er in Graz wohnt – in einer 180 Quadratmeter großen Wohnung mit Swimmingpool im Stadtteil St. Peter – und dass er in den Bergen bei Schladming ein altes, renoviertes Bauernhaus gekauft hat. Am Wörthersee, wo er in seiner Jugend viel Zeit verbracht und bei einem Bootsverleih und als Kellner gearbeitet hat, würde er Zeitungsberichten zufolge ein 155 Quadratmeter großes Penthouse nutzen. Das Problem: Die Wohnung in Velden am See gehöre zu einem Gebäudekomplex, der als Hotelbetrieb genehmigt wurde. Und dort dürfen die Eigentümer nur drei Monate im Jahr selbst wohnen, so die Bestimmung. Den Rest des Jahres müssen die Wohneinheiten vermietet werden, denn der Tourismus ist am Wörthersee eine sehr wichtige Einnahmequelle. Die Gemeinde, so war in der Presse zu lesen, habe ein baupolizeiliches Verfahren eingeleitet und wenn es ganz schlimm kommt, könne es schließlich auch um einen Abriss gehen. Die österreichische *Kleine Zeitung* berichtete dazu, Andreas habe sich das Penthouse 2019 als einen Rückzugsort gekauft. Das Haus selbst sei 2016 errichtet worden. Bereits 2021 habe die Seegemeinde eine Überprüfung der Anlage in Auftrag gegeben. Gabalier hat die Wohnung für 2,5 Millionen Euro gekauft, er habe damit eine Anlegerwohnung erstanden, die er aber nicht bewohne, sondern vermiete, stellte Andreas in der Zeitung klar. Nun wird das schriftliche Urteil des Landesverwaltungsgerichtes abgewartet.

Hintergrund der Aufregung ist die Tatsache, dass die Gemeinde Velden eine befristete Bausperre am See erlassen hat, das Ufer soll für die Bürger zugänglich und ein freier Blick erhalten bleiben. Ausnahmen gibt es für touristische Nutzungen, die dann aber auch eingehalten werden müssen. Vielleicht ist die Wohnung aber auch aus einem anderen Grund bald kein Thema mehr für Andreas: 2023 hat er in einem Interview mit der österreichischen Moderatorin Vera Russwurm erklärt, er sei gerade dabei, sich am Wörthersee nach einem »eigenen Häuserl« am Wasser umzuschauen.

EIN ANDREAS GABALIER IST NICHT GENUG

Erfolg lässt sich im Musikbusiness messen, zum Beispiel anhand der verkauften Musikträger oder der Zahl der Konzertbesucher. Und als eine besondere Messlatte für den Erfolg kann auch die Tatsache gelten, dass bekannte Schlagerstars gedoubelt werden. Das heißt, Leute versuchen ein wenig von dem Ruhm der Stars abzustauben, indem sie sich kleiden und singen wie diese – sie treten als Doppelgänger, als Double, auf.

Inzwischen gibt es eine regelrechte Double-Industrie und quasi für jeden Star lässt sich ein Doppelgänger für Veranstaltungen buchen – für relativ kleines Geld im Vergleich zu den Gagen der Größen des Showbusiness. Werfen wir doch mal einen Blick auf die Künstler- und Eventagenturen, die Doubles, Doppelgänger oder Imitatoren im Angebot haben. Ein Udo-Lindenberg-Double, das singe und spreche wie das Original und alle Songs des Altrockers im Programm ist schon für 800 Euro pro 45-minütiger Show zu haben. Die »doppelte« Helene Fischer kostet schon 1000 Euro für 45 Minuten. Dafür bekommt man dann die größten Hits der Schlagersängerin zu hören und auch originalgetreue Kostüme sowie eine authentische Darbietung zu sehen. Selbst die Toten können über ein Double wieder auferstehen, so kann man verstorbene Prominente wie Udo Jürgens, Karel Gott und natürlich Elvis Presley für die eigene Party buchen. Wer mehr auf Politik als auf Showbusiness steht, kann Doppelgänger von Josef Stalin, Angela Merkel oder Barack Obama buchen.

Und auch Andreas Gabalier ist inzwischen so erfolgreich, dass es sich anscheinend lohnt, ihn zu doubeln – und das kommerziell auf der Bühne zu vermarkten. Da ist zum Beispiel Kevin, der sich selbst als das weltweit beste Andreas-Gabalier-Double bezeichnet. Auch marketingtechnisch scheint er also dem Original nachzueifern. Das Outfit ist klar, von Lederhosen über Schneuztücherl, Sonnenbrille und Haartolle ist alles dabei. Kevin wirbt damit, nicht nur äußerlich dem Vorbild beeindruckend ähnlich zu sein, sondern auch das entsprechende Herzblut mitzubringen. Als Gabalier-Double ist auch Tobi unterwegs. Er sieht sich ebenfalls als das beste Double des Schlagerstars und wirbt mit seiner »beeindruckenden Ähnlichkeit« und authentischen Darbietung. Außerdem sei er – vermutlich – das einzige Double, das mit Gitarre gebucht werden könne. Und Tobi stellt noch einen Pluspunkt für ihn als Gabalier-Double heraus: Er spreche auf der Bühne Steirisch.

Dennis beherrscht ebenfalls das Steirische, das hat er bei einem »Vocalcoach« in Österreich gelernt. Neben Dialekt und Optik hat aber noch ein besonderes Ass im Ärmel: Sein Alleinstellungsmerkmal ist, dass er seine Show live auf dem Akkordeon begleitet. Möglich wären dabei übrigens auch Auftritte von aufreizenden Tänzerinnen mit Dirndl-Look.

Mit Kevin, Tobi und Dennis ist die Liste der Gabalier-Doubles noch lange nicht erschöpft, da gibt es noch den Leon, den Florian, den Joey und so weiter. Die Gagen für die »doppelten Andys« reichen von 1900 Euro für eine halbe Stunde bis 2200 Euro für 45 Minuten.

WOHIN FÜHRT DER WEG?

Florian Silbereisen hat ihn schon hinter sich und Bruder Willi auch: den 40. Geburtstag. Das Jahr 2024 markiert für Andreas Gabalier »die große Vier«. Während Willi zu seinem runden Ehrentag angekündigt hatte, jetzt sei Schluss mit Halligalli, man denke auch an Kinder, dürfte das bei Bruder Andreas etwas anders aussehen. Seit seiner Trennung von Silvia Schneider 2019 ist Andreas Gabalier Dauer-Single, jedenfalls offiziell. 2023 erklärte er in seinem *Andreas Gaba-*

lier Magazin, wie sein »Beziehungsstatus« aussieht. Er spricht davon, wie schwer es sei, neben seinem Beruf und angesichts des Erfolges eine beständige Beziehung zu führen. Er habe das bei vielen seiner Kollegen gesehen, die Kinder von verschiedenen Frauen hatten, wie problematisch dann Weihnachten oder die Geburtstage werden können. Mit ein Grund, warum er sich in Sachen Familie zurückhalte: Sein Weg als Bühnenstar nehme ihn sehr in Anspruch. Aber es sei auch klar, dass sich mit den zunehmenden Jahren einmal die Frage stelle, ob da noch etwas anderes kommen solle.

Ein Jahr später, im Sommer 2024, erzählt Andreas in einem Interview, er sei sehr glücklich und es gehe ihm sehr gut. Was das genau bedeutet, ließ der Steirer allerdings im Dunklen, die Frage nach einer neuen Herzensdame beantwortete er nicht. Und was ist mit eigenen Kindern? Früher hatte Andreas immer bekräftigt, er wolle welche. Jetzt kommen ihm anscheinend Zweifel: Er werde langsam zu alt dafür, fürchtet er. Aber man wisse nie, was das Leben so bringe. Und seine Fans sind mit Sicherheit genauso gespannt, was das sein wird, wie Andreas selbst.

QUELLEN

Erfolgsrezept »Heimat«

Andreas Gabalier Magazin, Wien 2023, S. 90.

Allerheiligen, Gesa: Politisch wird's im heimischen Wald. Natur- und Landschaftsdarstellung bei Andreas Gabalier; In: Berlich, Sebastian u. a.: Where Are We Now? – Orientierungen nach der Postmoderne; 2024.

Fanliebe: für alle etwas und etwas für alle

Website: »Andreas Gabalier spricht über Heimat und Volks-Rock'n'Roll«; https://www.rnd.de/kultur/andreas-gabalier-spricht-uber-heimat-und-volks-rocknroll-ATZPBQ6A6BLLERVIINRD4RM-PGA.html; aufgerufen am 12.9.2024.

Volles Konto, volles Rohr

Website: Offizielle Facebook-Seite von Andreas Gabalier & Electrola; https://www.facebook.com/AndreasGabalier; aufgerufen am 12.9.2024.

Website: »›Mozart bin ich keiner‹«; https://www.sueddeutsche.de/wirtschaft/reden-wir-ueber-geld-mit-andreas-gabalier-mozart-bin-ich-keiner-1.3285621; aufgerufen am 12.9.2024.

Website: »Darum fahren alle auf den VW Golf ab«; https://www.bild.de/unterhaltung/leute/auto-news/andreas-gabalier-und-co-50-jahre-golf-darum-wurde-dieser-wagen-zum-kult-auto-87626018.bild.html; aufgerufen am 12.9.2024.

Website: »Audi von Andreas Gabalier steht zum Verkauf«; https://www.heute.at/s/audi-von-andreas-gabalier-steht-zum-verkauf-26843822; aufgerufen am 12.9.2024.

Andreas Gabalier Magazin, Wien 2023, S. 97.

Alles außer Musiker …

Andreas Gabalier Magazin, Wien 2023, S. 10.

Zeidler, Thomas: *Andreas Gabalier*, Riva Verlag, München 2014, S. 30.

Website: »›Mozart bin ich keiner‹«; https://www.sueddeutsche.de/wirtschaft/reden-wir-ueber-geld-mit-andreas-gabalier-mozart-bin-ich-keiner-1.3285621; aufgerufen am 12.9.2024.

Mit Stift und Block allein im Wald

Website: »Der Grundwehrdienst«; https://karriere.bundesheer.at/grundwehrdienst; aufgerufen am 12.9.2024.

Website: »›... Ein großer Sohn Österreichs‹«; https://www.klipp-magazin.at/kultur-1/ein-grosser-sohn-oesterreichs; aufgerufen am 12.9.2024.

Website: »Wie Promis Heer und Zivildienst erlebten«; https://www.diepresse.com/1332949/wie-promis-heer-und-zivildienst-erlebten#slide-2; aufgerufen am 12.9.2024.

Website: YouTube-Video »Andreas Gabalier über Wehrpflicht und Kameradschaft«; https://www.youtube.com/watch?v=dO-do730ZM7M; aufgerufen am 12.9.2024.

E-Gitarre statt Flötentöne

Zeidler, Thomas: *Andreas Gabalier*, Riva Verlag, München 2014, S. 11; 24.

Website: »›Ich wäre gern Captain America‹«; https://www.schweizer-illustrierte.ch/people/international-stars/volks-rock-n-roller-andreas-gabalier-in-grossen-interview-391412; aufgerufen am 12.9.2024.

Website: »Andreas Gabalier und seine liebgewonnenen Schätze«; https://schlagerzeile.de/story-schlagernews/andreas-gabalier-und-seine-liebgewonnenen-schaetze; aufgerufen am 12.9.2024.

Website: »Andreas Gabalier Biography«; https://de.yamaha.com/de/artists/a/andreas_gabalier.html; aufgerufen am 12.9.2024.

Vom Keller auf die Bühne

Website: »Starporträt Andreas Gabalier«; https://www.gala.de/stars/starportraets/andreas-gabalier-20540804.html; aufgerufen am 12.9.2024.

Zeidler, Thomas: *Andreas Gabalier*, Riva Verlag, München 2014, S. 51–58.

Website: »›Mozart bin ich keiner‹«; https://www.sueddeutsche.de/wirtschaft/reden-wir-ueber-geld-mit-andreas-gabalier-mozart-bin-ich-keiner-1.3285621; aufgerufen am 12.9.2024.

Website: »Oarsch und Zwirn«; https://www.sueddeutsche.de/medien/ard-samstagabendshow-mit-andreas-gabalier-oarsch-und-zwirn-1.2117307; aufgerufen am 12.9.2024.

Website: »Run auf den Steirischen Bauernbundball«; http://www.gemeinde.steiermark.at/system/web/news.aspx?menuonr=218965683&detailonr=220946390-1203; aufgerufen am 12.9.2024.

Der Steirer, der Franzose war

Website: »Ein Steirer erzählt von seinen Wurzeln«; https://www.schlagerplanet.com/news/wissenswertes/andreas-gabalier-da-komm-ich-her-3980.html; aufgerufen am 12.9.2024.

Website: »Graz 1600–1809«; https://360.grazmuseum.at/epochen/1600-1809/#schluesselwerke; aufgerufen am 12.9.2024.

Website: »›Solange ich einen Mann habe, werde ich mich vertheidigen‹«; https://unipub.uni-graz.at/download/pdf/5216680.pdf; aufgerufen am 12.9.2024.

Mit den »Onkeln« an die Spitze

Website: »Unsere Geschichte«; https://www.ibs-ppg.com/ueber-uns/geschichte; aufgerufen am 12.9.2024.

Website: »Ein ›Wahrzeichen‹ für den Gabalier-Macher«; https://www.krone.at/2480642; aufgerufen am 12.9.2024.

Website: »DJ Ötzi: Udo Lindenberg und Apache 207 knacken seinen Rekord«; https://www.mdr.de/meine-schlagerwelt/dj-oetzi-ein-stern-rekord-von-udo-lindenberg-und-apache-komet-geknackt-100.html; aufgerufen am 12.9.2024.

Andreas Gabalier. Die Fan-Edition Nr. 1, Slam Media GmbH, Wien 2017, S. 23.

Website: »Andreas Gabalier gibt in TV-Porträt neue, private Einblicke«; https://www.prisma.de/news/TV-Portraet-ueber-Andreas-Gabalier-zeigt-neue-private-Einblicke,24920236; aufgerufen am 12.9.2024.

Website: »Der Mann, dem die Schlagerstars vertrauen«; https://www.kleinezeitung.at/steiermark/graz/grazumgebung/3967561/Sepp-Adlmann_Der-Mann-dem-die-Schlagerstars-vertrauen; aufgerufen am 12.9.2024.

Website: »Willkommen in Deutschfeistritz«; https://www.deutschfeistritz.gv.at/; aufgerufen am 12.9.2024.

Website: »Adlmann Promotion«; https://adlmannpromotion.at; aufgerufen am 12.9.2024.

Website: »Andreas Gabalier«; https://adlmannpromotion.at/kuenstler/andreas-gabalier; aufgerufen am 12.9.2024.

Zeidler, Thomas: *Andreas Gabalier*, Riva Verlag, München 2014, S. 57.

Website: »Der Gabalier-Macher«; https://web.archive.org/web/20131228011324/http:/www.format.at/articles/1232/581/337649_s1/der-gabalier-macher; aufgerufen am 12.9.2024.

Hits aus der Dachkammer

Website: Homepage Mathias Roska; https://lematrix.de/referenzen-alben.html; aufgerufen am 12.9.2024.

Website: »Exklusive Einblicke: So entsteht ein Gabalier-Song«; https://www.servustv.com/kultur/v/aa-21tsqcdgn2112/; aufgerufen am 12.9.2024.

Website: »›Ich bin und bleibe ein Bauernbub!‹ – Das exklusive Interview mit Andreas Gabalier ...«; https://smago.de/ws2/alpen-rock/ANDREAS-GABALIER-Ich-bin-und-bl-79422/; aufgerufen am 12.9.2024.

Website: »MATHIAS ›MATZE‹ ROSKA Hirnblutung !!! ABER ....:« https://smago.de/ws2/pop-schlager/MATHIAS-MATZE-ROSKA-Hirnblutung-62916/; aufgerufen am 12.9.2024.

Da komm' ich her

Website: »Andreas Gabalier spricht über Heimat und Volks-Rock'n'Roll«; https://www.rnd.de/kultur/andreas-gabalier-spricht-uber-heimat-und-volks-rocknroll-ATZPBQ6A6BLLERVIINRD4RMPGA.html; aufgerufen am 12.9.2024.

Website: »›Mozart bin ich keiner‹«; https://www.sueddeutsche.de/wirtschaft/reden-wir-ueber-geld-mit-andreas-gabalier-mozart-bin-ich-keiner-1.3285621; aufgerufen am 12.9.2024.

Zeidler, Thomas: *Andreas Gabalier*, Riva Verlag, München 2014, S. 9.

Website: »Naschenweng & Gabalier: So lernten sie sich kennen«; https://www.oe24.at/leute/oesterreich/naschenweng-gabalier-so-lernten-sie-sich-kennen/562938652; aufgerufen am 12.9.2024.

Skorpion mit Schmäh

Andreas Gabalier Magazin, Wien 2023, S. 50.

Website: »Andreas Gabalier: Biografie mit allen Infos«; https://www.schlager.de/stars/andreas-gabalier; aufgerufen am 12.9.2024.

Steirischer Mann von Welt

Website: Wikipedia-Eintrag »Steiermark«; https://de.wikipedia.org/wiki/Steiermark; aufgerufen am 12.9.2024.

Andreas Gabalier Magazin, Wien 2023, S. 107; 127ff.

Zeidler, Thomas: *Andreas Gabalier*, Riva Verlag, München 2014, S. 20.

Website: »Mathias Schrempf: Sturz in den Tod! Andreas Gabalier trauert um verstorbenen Bergretter-Freund (45)«; https://www.news.de/promis/856858587/andreas-gabalier-trauert-um-verstorbenen-bergretter-mathias-schrempf-bergsteiger-stuerzte-beim-aufstieg-auf-hohen-dachstein-in-den-tod/1/; aufgerufen am 12.9.2024.

Website: »Andreas Gabalier freut sich über deutsche Fans, die Dialekt imitieren«; https://www.augsburger-allgemeine.de/panorama/Volksmusik-Andreas-Gabalier-freut-sich-ueber-deutsche-Fans-die-Dialekt-imitieren-id34794457.html; aufgerufen am 12.9.2024.

Website: »›Mozart bin ich keiner‹«; https://www.sueddeutsche.de/wirtschaft/reden-wir-ueber-geld-mit-andreas-gabalier-mozart-bin-ich-keiner-1.3285621; aufgerufen am 12.9.2024.

Website: »Der steirische Dialekt«; https://www.woutl.at/der-steirische-dialekt/; aufgerufen am 12.9.2024.

Dunkle Zeit

Zeidler, Thomas: *Andreas Gabalier*, Riva Verlag, München 2014, S. 38–48.

Website: »Andreas Gabalier spricht über den Selbstmord seines Vaters«; https://www.vip.de/cms/andreas-gabalier-spricht-ueber-den-selbstmord-seines-vaters-2348809.html; aufgerufen am 12.9.2024.

Website: YouTube-Video »Amoi seg' ma uns wieder (Live)«; https://www.youtube.com/watch?v=XGmNEsCu3XA; aufgerufen am 12.9.2024.

Website: »Xavier Naidoo bringt mit Andreas Gabaliers Trauerlied das ganze Set zum Weinen«; https://www.t-online.de/unterhaltung/tv/id_69302950/-sing-meinen-song-mit-andreas-gabalier-naidoo-ruehrt-set-zu-traenen.html; aufgerufen am 12.9.2024.

Die Playlist des Alpen-Rockers

Andreas Gabalier Magazin, Wien 2023, S. 94–99.

Der Alpha und seine Omega

Andreas Gabalier Magazin, Wien 2023, S. 43.

Zeidler, Thomas: *Andreas Gabalier*, Riva Verlag, München 2014, S. 108.

Website: »Andreas Gabalier: Von wegen Rolex – die Uhr des Schlagerstars ist ein echtes Schnäppchen«; https://www.derwesten.de/panorama/promi-tv/andreas-gabalier-konzert-woerthersee-uhr-rolex-vermoegen-g-id300582364.html; aufgerufen am 12.9.2024.

Fit für den Gipfelsturm

Website: »Daniel Gildner ist Kraftsportler und ein Multitalent«; https://danielgildner.com/blog/trainer-andreasgabalier-vip; aufgerufen am 12.9.2024.

Website: »Monster-Mucki-Mann Andreas Gabalier: 60-Kilo-Hanteln vor jedem Auftritt«; https://www.tz.de/stars/monster-mucki-mann-andreas-gabalier-60-kilo-hanteln-vor-jedem-auftritt-agentur-schlager-stars-92255473.html; aufgerufen am 12.9.2024.

Website: »Gipfelsieg für Andreas Gabalier und seine Seilschaft«; https://kurier.at/chronik/oesterreich/andreas-gabalier-und-seine-seilschaft-sind-am-weg-zum-gipfelkreuz/401738709; aufgerufen am 12.9.2024.

Website: »Projekt Großglockner geglückt: ›Das sind wahre Freudenmomente‹«; https://kurier.at/chronik/oesterreich/so-bezwang-andreas-gabalier-den-grossglockner/401740293; aufgerufen am 12.9.2024.

Website: »Gabalier auf dem Glockner: ›Kleine Schritte machen, Andreas, tuast da leichter‹«; https://www.derstandard.de/story/2000129756641/gabalier-auf-dem-glockner-kleine-schritte-machen-andreas-tuast-da; aufgerufen am 12.9.2024.

Website: »›Auf den Berg geh' ich allein‹«: https://www.gala.de/stars/news/starfeed/andreas-gabalier---auf-den-berg-geh--ich-allein--20217188.html; aufgerufen am 12.9.2024.

Ein Lebensgefühl, das unter die Haut geht

Website: »Andreas Gabalier über Trauer, Erfolge und sein Vorbild«; https://www.meinbezirk.at/graz/c-leute/andreas-gabalier-ueber-trauer-erfolge-und-sein-vorbild_a6354629; aufgerufen am 12.9.2024.

Website: »›Ich bin keine Helene Fischer in Lederhose‹«; https://www.welt.de/vermischtes/article142247730/Ich-bin-keine-Helene-Fischer-in-Lederhose.html; aufgerufen am 12.9.2024.

Zeidler, Thomas: *Andreas Gabalier*, Riva Verlag, München 2014, S. 28.

Website: »Andreas Gabalier spricht über Heimat und Volks-Rock'n'Roll«; https://www.rnd.de/kultur/andreas-gabalier-spricht-uber-heimat-und-volks-rocknroll-ATZPBQ6A6BLLERVIINRD4RMPGA.html; aufgerufen am 12.9.2024.

Website: »›Die Mädels haben immer Freude mit mir‹«; https://www.gala.de/stars/news/interview/andreas-gabalier-im-gala-interview---die-maedels-haben-immer-freude-mit-mir--20947720.html; aufgerufen am 12.9.2024.

Alpen-Elvis trifft Terminator

Website: »Das schaut er sich von Arnold Schwarzenegger ab«; https://www.bunte.de/stars/schlager/andreas-gabalier-das-schaut-er-sich-von-arnold-schwarzenegger-ab.html; aufgerufen am 12.9.2024.

Website: »Vom Herkules zum Gouverneur«; https://taz.de/Arnold-Schwarzenegger-wird-75/!5867547; aufgerufen am 12.9.2024.

Website: »Was Andreas Gabalier mit Arnold Schwarzenegger verbindet«; https://www.kleinezeitung.at/steiermark/18048165/was-andreas-gabalier-mit-arnold-schwarzenegger-verbindet; aufgerufen am 12.9.2024.

Karrieresprungbrett Musikantenstadl

Website: YouTube-Video »Andreas Gabalier Musikantenstadl Auftritt 18.04.2009«; https://www.youtube.com/watch?v=Kx2OfoSMFws; aufgerufen am 12.9.2024.

Zeidler, Thomas: *Andreas Gabalier*, Riva Verlag, München 2014, S. 61.

Website: »Karl Moik schuf vor 40 Jahren ein Stück Fernsehkult: Musikantenstadl feiert Jubiläum«; https://www.focus.de/kultur/kino_tv/nie-wieder-stadlzeit-vor-40-jahren-begruendete-karl-moik-ein-stueck-fernsehkult_id_13044137.html; aufgerufen am 12.9.2024.

Website: YouTube-Video »Musikantenstadl Allstars – Jetzt geht die Party richtig los (Medley) 1984«; https://www.youtube.com/watch?v=01JKRG1Qi1o; aufgerufen am 12.9.2024.

Website: »Hubert von Goisern«; https://www.br.de/themen/kultur/sendungen/heimatsound/legenden/heimatsound-hubert-vongoisern-100.html; aufgerufen am 12.9.2024.

Website: »›Mozart bin ich keiner‹«; https://www.sueddeutsche.de/wirtschaft/reden-wir-ueber-geld-mit-andreas-gabalier-mozart-bin-ich-keiner-1.3285621; aufgerufen am 12.9.2024.

Das erste Album

Website: »Andreas Gabalier – Da komm' ich her«; https://austriancharts.at/showitem.asp?interpret=Andreas+Gabalier&titel=Da+komm%27+ich+her&cat=a; aufgerufen am 12.9.2024.

Zeidler, Thomas: *Andreas Gabalier*, Riva Verlag, München 2014, S. 63.

Andreas Gabalier Magazin, Wien 2023, S. 37; 143.

Website: »Andreas Gabalier spricht über Heimat und Volks-Rock'n'Roll«; https://www.rnd.de/kultur/andreas-gabalier-spricht-uber-heimat-und-volks-rocknroll-ATZPBQ6A6BLLERVIINRD4RMPGA.html; aufgerufen am 12.9.2024.

Der Draht nach oben

Website: »Andreas Gabalier spricht über Heimat und Volks-Rock'n'Roll«; https://www.rnd.de/kultur/andreas-gabalier-spricht-uber-heimat-und-volks-rocknroll-ATZPBQ6A6BLLERVIINRD4RM-PGA.html; aufgerufen am 12.9.2024.

Andreas Gabalier Magazin, Wien 2023, S. 42.

Im Rekordtempo zum Erfolg

Zeidler, Thomas: *Andreas Gabalier*, Riva Verlag, München 2014, S. 64.

Website: »Gabalier, Andreas«; https://www.musiklexikon.ac.at/ml/musik_G/Gabalier_Andreas.xml; aufgerufen am 12.9.2024.

Website: »Verband der Österreichischen Musikwirtschaft – IFPI Austria«; https://ifpi.at/auszeichnungen/?fwp_interpret=andreas%20gabalier&fwp_titel=Da%20komm%20ich%20her&fwp_status=gold; aufgerufen am 12.9.2024.

Website: Produktbeschreibung der CD »Volksrock'n'Roller – Live«; https://www.amazon.de/VolksrocknRoller-Live-Andreas-Gabalier/dp/B0093UALQG; aufgerufen am 12.9.2024.

Markenzeichen Lederhose

Website: »Andreas Gabaliers Popo im 2.000-Euro-Lederhoserl«; https://www.krone.at/341894; aufgerufen am 12.9.2024.

Website: »›Die Mädels haben immer Freude mit mir‹«; https://www.gala.de/stars/news/interview/andreas-gabalier-im-gala-interview---die-maedels-haben-immer-freude-mit-mir--20947720.html; aufgerufen am 12.9.2024.

Zeidler, Thomas: *Andreas Gabalier*, Riva Verlag, München 2014, S. 14.

Website: »30 Dinge, die Sie (vielleicht) nicht über Andreas Gabalier wussten«; https://www.kleinezeitung.at/steiermark/land-leute/4600727/Zum-30-Geburtstag_30-Dinge-die-Sie-vielleicht-nicht-ueber-Andreas; aufgerufen am 12.9.2024.

Website: »Der Gabalier-Macher«; https://web.archive.org/web/20131228011324/http:/www.format.at/articles/1232/581/337649_s1/der-gabalier-macher; aufgerufen am 12.9.2024.

Website: »Wenn's aus der Lederhose schwitzt und raunt«; https://www.spiegel.de/kultur/musik/andreas-gabalier-konzert-in-berlin-wenn-die-lederhose-schwitzt-und-raunt-a-1235533.html; aufgerufen am 12.9.2024.

Website: »Andreas Gabalier präsentiert Trachtenkollektion in Salzburg«; https://www.salzburg24.at/news/salzburg/stadt/andreas-gabalier-praesentiert-trachtenkollektion-in-salzburg-44680480; aufgerufen am 12.9.2024.

Website: »Gabalier ein Schwulenfeind? So schießt der Sänger zurück«; https://www.merkur.de/kultur/andreas-gabalier-schwul-feind-merkur-interview-5183593.html; aufgerufen am 12.9.2024.

Die Sonnenbrillen

Website: »Andreas Gabalier trauert um Weggefährten: ›Werde dich mein Leben lang in Erinnerung behalten‹«; https://www.merkur.de/boulevard/leben-lang-in-erinnerung-behalten-andreas-gabalier-trauert-um-weggefaehrten-michael-pachleitner-werde-dich-mein-92648796.html; aufgerufen am 12.9.2024.

Andreas Gabalier Magazin, Wien 2023, S. 92.

Website: »12 Shades of ANDREAS GABALIER«; https://shoppingguideaustria.at/news/12-shades-of-andreas-gabalier; aufgerufen am 12.9.2024.

»Dahoam« bei Andreas Gabalier

Andreas Gabalier Magazin, Wien 2023, S. 112–116; 24 ff.

Website: Universität Graz. University of Graz. Universitätsbibliothek. https://unipub.uni-graz.at/obvugrhs/content/titleinfo/234333; aufgerufen am 12.9.2024.

Website: »Wo die Welt noch eine ganz behütete ist«; https://www.kleinezeitung.at/lebensart/5535276/Zu-Gast-bei-Willi-Gabalier_Wo-die-Welt-noch-eine-ganz-behuetete-ist; aufgerufen am 12.9.2024.

Website: »Land Steiermark greift Gabalier beim Hausumbau finanziell unter die Arme«; https://www.derstandard.at/story/2000081355156/land-steiermark-greift-gabalier-beim-hausumbau-finanziell-unter-die-arme; aufgerufen am 12.9.2024.

Die Sache mit den Bienen und Blumen

Website: »SO setzt sich Andreas Gabalier gegen das Bienensterben ein«; https://www.schlager.de/news/so-setzt-sich-andreas-gabalier-gegen-das-bienensterben-ein/190587; aufgerufen am 12.9.2024.

Website: »Sebastian Vettel im Lockdown: Lehre beim Bio-Bauern«; https://www.speedweek.com/formel1/news/173786/Sebastian-Vettel-im-Lockdown-Lehre-beim-Bio-Bauern.html; aufgerufen am 12.9.2024.

Der große Bruder Willi

Website: »›Andreas war immer der Lauser‹«; https://www.kleinezeitung.at/lebensart/familie/5198920/Die-GabalierBrueder_Andreas-war-immer-der-Lauser; aufgerufen am 12.9.2024.

Website: »Willi Gabalier: Biografie mit allen Infos«; https://www.schlager.de/stars/willi-gabalier; aufgerufen am 12.9.2024.

Website: »Titelsong: ›Heimat Sterne‹«; https://www.servustv.com/unterhaltung/b/heimat-sterne/aa-23adcmt8s1w11; aufgerufen am 12.9.2024.

Website: »Unser Vorstand«; https://volksbildung.at/ueber-uns/vorstand; aufgerufen am 12.9.2024.

Website: »Willi Gabalier über ›Schwägerin‹ Melissa Naschenweng: ›Sie ist eine ganz Liebe‹«; https://www.kleinezeitung.at/steiermark/oststeier/6320804/ExDancing-Star-im-Interview_Willi-Gabalier-ueber-Schwaegerin; aufgerufen am 12.9.2024.

Website: »Melissa Naschenweng: Bereit für Hochzeit und ein Baby«; https://www.oe24.at/leute/oesterreich/melissa-naschenweng-bereit-fuer-hochzeit-und-ein-baby/587680304; aufgerufen am 12.9.2024.

Singender Sohn, dichtende Mutter

Website: »Huberta Gabalier: ›Im Hier und Jetzt zu leben ist der Schlüssel zum Glück‹«; https://einerschreitimmer.com/huberta-gabalier; aufgerufen am 12.9.2024.

Zeidler, Thomas: *Andreas Gabalier*, Riva Verlag, München 2014, S. 17.

Website: »Huberta Gabalier«; https://huberta-gabalier.at; aufgerufen am 12.9.2024.

Weil Gutes tun guttut

Website: »Volks-Rocker Andreas Gabalier – Diese 6 Regeln sind ihm heilig!«; https://www.promistyle.de/?p=2243; aufgerufen am 12.9.2024.

Website: »Schritt für Schritt ...«; https://www.therapiezentrum.tirol; aufgerufen am 12.9.2024.

Der Fall des Mountain Man

Website: »Lebensmittelvergiftung – Bettruhe für Andreas Gabalier«; https://www.volksstimme.de/kultur/musik/lebensmittelvergiftung-bettruhe-fur-andreas-gabalier-994948; aufgerufen am 12.9.2024.

Website: Facebook-Post von Andreas Gabalier vom 11. August 2019; https://www.facebook.com/watch/live/?ref=watch_permalink&v=451733302083903; aufgerufen am 12.9.2024.

Website: »Das hat Gabalier wirklich niedergestreckt«; https://www.n-tv.de/leute/Das-hat-Gabalier-wirklich-niedergestreckt-article21206754.html; aufgerufen am 12.9.2024.

Website: »›Heute bin ich den ersten Tag ohne Durchfall‹«; https://www.heute.at/s/andreas-gabalier-krankenhaus-durchfall-virus-56504154; aufgerufen am 12.9.2024.

Website: »Andreas Gabalier muss Konzert absagen – so krank ist der Sänger wirklich«; https://www.stern.de/lifestyle/leute/andreas-gabalier-muss-konzert-absagen---so-krank-ist-der-saenger-wirklich-8846524.html#:~:text=Zum%20ersten%20Mal%20in%20seiner,nun%20der%20wahre%20Grund%20heraus; aufgerufen am 12.9.2024.

Website: »Andreas Gabalier rockt Kitzbühel nach Krankenhaus-Aufenthalt«; https://www.schlagerplanet.com/news/schlager-news/andreas-gabalier-rockt-kitzbuehel-nach-krankenhaus-aufenthalt-21123.html; aufgerufen am 12.9.2024.

Website: YouTube-Video »Sänger Andreas Gabalier ist todkrank.«; https://www.youtube.com/watch?v=LLoVCGO3MZU; aufgerufen am 12.9.2024.

Das zweite Album: Rock, Country, Liebe

Zeidler, Thomas: *Andreas Gabalier*, Riva Verlag, München 2014, S. 79.

Website: »Engel«; https://musikundfilm.com/2017/04/19/engel/#:~:text=Das%20Tauflied%20%E2%80%9CEngel%E2%80%9D%20von%20Andreas,f%C3%BCr%20die%20Gestaltung%20der%20Taufe; aufgerufen am 12.9.2024.

Website: YouTube-Video »Andreas Gabalier Making Of Herzwerk 2010«; https://www.youtube.com/watch?v=az6M_TAZ9pE; aufgerufen am 12.9.2024.

Website: »Andreas Gabalier – Herzwerk«; https://austriancharts.at/showitem.asp?interpret=Andreas+Gabalier&titel=Herzwerk&cat=a; aufgerufen am 12.9.2024.

Website: YouTube-Video »Andreas Gabalier ›I sing a Lied für di‹ (›Wenn die Musi spielt‹ Sommer Open Air 2010)«; https://www.youtube.com/watch?v=1sSdjmw98BM; aufgerufen am 12.9.2024.

Website: »Album ›Herzwerk‹ steigt auf Platz 77 in die deutschen Charts ein«; https://www.universal-music.de/andreasgabalier/news/album-herzwerksteigt-auf-platz-77-in-die-deutschen-charts-ein-127703; aufgerufen am 12.9.2024.

Kein Heimspiel

Website: austriansoccerboard »SK Sturm Graz 2 – 0 FC Wacker Innsbruck«; https://www.austriansoccerboard.at/topic/78915-sk-sturm-graz-2-0-fc-wacker-innsbruck/page/3/#comment-3446164; aufgerufen am 12.9.2024.

Zeidler, Thomas: *Andreas Gabalier*, Riva Verlag, München 2014, S. 81.

Die tolle Tolle

Website: YouTube-Video »Andreas Gabalier in Willkommen bei Carmen Nebel 2011 04 02«; https://www.youtube.com/watch?v=c8Sy71fDYDw; aufgerufen am 12.9.2024.

Website: »Volks-Rock'n'Roller Andreas Gabalier: Fünf Geheimnisse seines Erfolgs«; https://deluxemusic.de/magazin/volks-rocknroller-andreas-gabalier-fuenf-geheimnisse-seines-erfolgs; aufgerufen am 12.9.2024.

Website: Offizielle Deutsche Charts »Andreas Gabalier. I sing a Liad für di«; https://www.offiziellecharts.de/charts/titel-details-731978; aufgerufen am 12.9.2024.

Website: »Hits mit Blut und Boden«; https://taz.de/Volks-Rock-n-Roller-Andreas-Gabalier/!5038525; aufgerufen am 12.9.2024.

Die erste Solotour

Website: »Rock'n'Roll live mit Andreas Gabalier. Rekordverdächtige Tour«; https://www.schlagerplanet.com/news/konzerte-events/news/andreas-gabalier-tour-2012-konzerte-und-auftritte-im-rueckblick-4295.html; aufgerufen am 12.9.2024.

Zeidler, Thomas: *Andreas Gabalier*, Riva Verlag, München 2014, S. 97.

Website: »Andreas Gabalier rockte bei Wien-Konzert die Stadthalle«; https://www.vienna.at/andreas-gabalier-rockte-bei-wien-konzert-die-stadthalle/3248683; aufgerufen am 12.9.2024.

Website: »Andreas Gabalier veröffentlicht ›VolksRock'n'Roller LIVE‹«; https://www.universal-music.de/andreasgabalier/news/andreas-gabalier-veroeffentlicht-volksrocknroller-live-210072; aufgerufen am 12.9.2024.

Das dritte Album: Bekenntnis zum Volks-Rock'n'Roll

Website: Universal Music Group »VolksRock'n'Roller«; https://www.universal-music.de/andreasgabalier/musik/volksrocknroller-177589; aufgerufen am 12.9.2024.

Website: Austrian Charts 09.11.2012; https://austriancharts.at/charts/alben/09-11-2012; aufgerufen am 12.9.2024.

Cover-Diskussion: Kunst oder Kreuz?

Website: »Der Junge und das Kreuz«; https://www.derstandard.at/story/1326503965463/volksrocker-bei-stermann--grissemann-der-junge-und-das-kreuz; aufgerufen am 12.9.2024.

Website: »›Ich bin keine Helene Fischer in Lederhose‹«; https://www.welt.de/vermischtes/article142247730/Ich-bin-keine-Helene-Fischer-in-Lederhose.html; aufgerufen am 12.9.2024.

Website: »Pegida fordert Anhänger zur Andreas-Gabalier-Challenge auf«; https://www.stuttgarter-nachrichten.de/inhalt.hakenkreuz-cover-pegida-fordert-anhaenger-zur-andreas-gabalier-challenge-auf.cfec84eb-10aa-4e44-8863-2bebffc026e1.html; aufgerufen am 12.9.2024.

Rocken in der Country-Hochburg

Website: YouTube-Video »Die Helene Fischer Show 2012 – Show mit vielen weltberühmten Stars und Ausnahmetalenten!«; https://www.youtube.com/watch?v=TYCWs9gvo9k; aufgerufen am 12.9.2024.

Website: YouTube-Video »Gabalier in Nashville – Puls 4«; https://www.youtube.com/watch?v=ASI1J0244ck; aufgerufen am 12.9.2024.

Website: »Schlager-Star im Interview: ›Ein neuer Anfang‹ für Andreas Gabalier; https://prinz.de/deutschland/artikel/schlager-star-im-interview-ein-neuer-anfang-fuer-andreas-gabalier; aufgerufen am 12.9.2024.

Das denglische Album *Home Sweet Home*

Website: »Biografie: Andreas Gabalier ›Home Sweet Home‹«; https://www.universal-music.de/andreasgabalier/news/biografie-andreas-gabalier-home-sweet-home-222425; aufgerufen am 12.9.2024.

Website: jpc Leidenschaft für Musik »Andreas Gabalier: Home Sweet Home (180g)«; https://www.jpc.de/jpcng/poprock/detail/-/art/andreas-gabalier-home-sweet-home/hnum/10790097; aufgerufen am 12.9.2024.

Andreas Gabalier. Die Fan-Edition Nr. 1, Slam Media GmbH, Wien 2017, S. 31.

Flirtoffensive vor laufender Kamera

Website: »Silvia Schneider: Biografie mit allen Infos«; https://www.schlager.de/stars/silvia-schneider; aufgerufen am 12.9.2024.

Website: »Flirtmeister Andreas Gabalier«; https://www.youtube.com/watch?v=cKf7xe7jSCU; aufgerufen am 12.9.2024.

Website: »Silvia Schneider: Das ist die Freundin von Andreas Gabalier«; https://intouch.wunderweib.de/silvia-schneider-das-ist-die-freundin-von-andreas-gabalier-38419.html; aufgerufen am 12.9.2024.

Website: Facebook-Post Silvia Schneider vom 15. September 2019; https://www.facebook.com/ModeratorinSilviaSchneider/posts/keine-liebe-war-es-nichtulrike-von-levetzowf%C3%BCr-manche-sinds-die-unterschiedliche/2103100243333140/?locale=de_DE; aufgerufen am 12.9.2024.

Website: »Andreas Gabalier gesteht: Karriere schuld am Liebes-Aus mit Silvia Schneider«; https://kurier.at/stars/austropromis/andreas-gabalier-gesteht-karriere-schuld-am-liebes-aus-mit-silvia-schneider/402040359; aufgerufen am 12.9.2024.

Wirbel um die fehlenden Töchter

Website: »Große Mehrheit will die ›Töchter‹ nicht in der Hymne«; https://www.diepresse.com/678089/grosse-mehrheit-will-die-toechter-nicht-in-der-hymne; aufgerufen am 12.9.2024.

Website: »Aufregung um Gabalier-Bundeshymne«; https://steiermark.orf.at/v2/news/stories/2654599/; aufgerufen am 12.9.2024.

Website: »Kleinlicher Streit um große Töchter«; https://kurier.at/politik/inland/gabalier-vs-rauch-kallat-kleinlicher-streit-um-grosse-toechter/72.448.484; aufgerufen am 12.9.2024.

Website: »Andreas Gabalier: ›Man kann die Hymne so oder so singen‹«; https://www.derstandard.de/story/3000000191604/andreas-gabalier-man-kann-die-hymne-so-oder-so-singen; aufgerufen am 12.9.2024.

Der Sound zur steirischen Stimme

Website: »Jeanette Biedermann: Ehe vor dem Aus! Sie enthüllt die traurige Wahrheit«; https://intouch.wunderweib.de/jeanette-biedermann-ehe-vor-dem-aus-sie-enthuellt-die-traurige-wahrheit-118614.html; aufgerufen am 12.9.2024.

Andreas Gabalier Magazin, Wien 2023, S. 88.

Dürfen hat er sich getraut

Website: »Andreas Gabalier soll mit Karl-Valentin-Orden geehrt werden – doch das passt vielen gar nicht«; https://www.stern.de/lifestyle/leute/andreas-gabalier-soll-mit-orden-geehrt-werden-und-erntet-kritik-8555650.html; aufgerufen am 12.9.2024.

Website: »Gabalier will seinen Orden ›mit einem breiten Grinser‹ aufhängen«; https://www.sueddeutsche.de/muenchen/gabalier-karl-valentin-orden-narrhalla-1.4314065; aufgerufen am 12.9.2024.

Website: »Andreas Gabalier, der Karl-Valentin-Orden und die Toleranz«; https://www.kurier.de/inhalt.umstrittene-verleihung-andreas-gabalier-nimmt-karl-valentin-orden-entgegen.82cd46a9-94d4-49bd-a49a-cc172b9225d2.html; aufgerufen am 12.9.2024.

Website: YouTube-Video »Andreas Gabalier beindruckt das Ballpublikum @ Karl Valentin Ordensverleihung in München«; https://www.youtube.com/watch?v=3WfLeoiVtuo; aufgerufen am 12.9.2024.

München: Wiege des Erfolgs

Website: München Architektur Olympiastadion im Olympiapark München; https://www.muenchenarchitektur.com/architektur-highlights/18-sonderbauten/20798-olympiastadion-im-olympiapark; aufgerufen am 12.9.2024.

Website: »Andreas Gabalier in München: Emotional wieder beinand«; https://www.abendzeitung-muenchen.de/kultur/musik/andreas-gabalier-in-muenchen-emotional-wieder-beinand-art-834827; aufgerufen am 12.9.2024.

Website: »AZ-Kritik: Andreas Gabalier auf dem Königsplatz«; https://www.abendzeitung-muenchen.de/kultur/musik/az-kritik-andreas-gabalier-auf-dem-koenigsplatz-art-244066; aufgerufen am 12.9.2024.

Website: »Der Volks-Rock'n'Roller hebt ab«; https://www.merkur.de/lokales/muenchen/andreas-gabalier-koenigsplatz-volks-rocknroller-hebt-3695558.html; aufgerufen am 12.9.2024.

Website: »Sugar Daddy in der Stranddisco«; https://www.sueddeutsche.de/muenchen/andreas-gabalier-in-muenchen-sugar-daddy-in-der-stranddisco-1.2044119; aufgerufen am 12.9.2024.

Zeidler, Thomas: *Andreas Gabalier*, Riva Verlag, München 2014, S. 177.

Website: »Hulapalu, a so a scheena Dog«; https://www.sueddeutsche.de/muenchen/konzert-hulapalu-a-so-a-scheena-dog-1.3102019; aufgerufen am 12.9.2024.

Website: »Andreas Gabalier ätzt auf Konzert: ›Das Land geht den Bach runter‹«; https://www.focus.de/kultur/konzerte/konzert-im-muenchner-olympiastadion-andreas-gabalier-spricht-zu-seinen-fans-dieses-land-geht-den-bach-runter_id_5782550.html; aufgerufen am 12.9.2024.

Andreas wird Popstar

Website: ZDF-Serie »Die Rosenheim-Cops: 08 Mozarts kleiner Bruder«; https://www.zdf.de/serien/die-rosenheim-cops/mozarts-kleiner-bruder-100.html; aufgerufen am 12.9.2024.

Website: »Andreas Gabalier findet eine Leiche«; https://www.t-online.de/unterhaltung/tv/id_71904050/andreas-gabalier-bei-den-rosenheim-cops-.html; aufgerufen am 12.9.2024.

Bergfan auf hoher See

Website: »Andreas Gabalier will etwas klarstellen: ›Habe ich schon gesagt, aber es wurde unterschlagen‹«; https://www.suedkurier.de/ueberregional/menschen/andreas-gabalier-will-etwas-klarstellen-habe-ich-schon-gesagt-aber-es-wurde-unterschlagen;art1015351,11756540; aufgerufen am 12.9.2024.

Der »Mountain Man«

Website: »Kulturforscher: ›So funktioniert der Populismus von Andreas Gabalier‹«; https://www.augsburger-allgemeine.de/kultur/Interview-Kulturforscher-So-funktioniert-der-Populismus-von-Andreas-Gabalier-id56971516.html; aufgerufen am 12.9.2024.

Website: Universal Music Group »Mountain Man«; https://www.universal-music.de/andreasgabalier/musik/mountain-man-275414; aufgerufen am 12.9.2024.

Klavier à la Gabalier

Website: »Gabalier: ›Bin wunschlos glücklich!‹«; http://wegotit.at/gabalier-bin-wunschlos-glucklich; aufgerufen am 12.9.2024.

Schlagabtausch mit der Presse

Website: »Andreas Gabalier stellt kritische Medien an den Pranger«; https://kurier.at/kultur/andreas-gabalier-stellt-kritische-medien-an-den-pranger/400355227; aufgerufen am 12.9.2024.

Website: »›Ich bin kein Steinzeit-Afferl‹ – Andreas Gabalier im Gespräch – #546«; https://www.falter.at/falter/radio/65bb4704-a5c0-415e-90b8-c0800eefa3e3/ich-bin-kein-steinzeit-afferl-andreas-gabalier-im-gesprach-546; aufgerufen am 12.9.2024.

Gabalier in der Corona-Zeit

Website: »›Ich komme mir vor wie in einem Katastrophenfilm‹«; https://www.t-online.de/unterhaltung/musik/id_89114178/andreas-gabalier-ueber-corona-jahr-komme-mir-vor-wie-im-katastrophen-film-.html; aufgerufen am 12.9.2024.

Website: »Neuer Wind … wenn die Zeit zur Ruhe kommt …«; https://www.andreas-gabalier.at/neuer-wind-fact.html; aufgerufen am 12.9.2024.

Website: »Andreas Gabalier: ›Ja, ich bin geimpft‹«; https://www.week-end.at/promitalk/andreas-gabalier-ja-ich-bin-geimpft; aufgerufen am 12.9.2024.

Rückkehr zum Neuanfang

Website: »Doku über die Entstehung von Gabaliers neuem Album«; https://www.kleinezeitung.at/kultur/medien/6147874/Ein-neuer-Anfang_Doku-ueber-die-Entstehung-von-Gabaliers-neuem-Album; aufgerufen am 12.9.2024.

Website: »Silvia Schneider: Das ist die Freundin von Andreas Gabalier«; https://intouch.wunderweib.de/silvia-schneider-das-ist-die-freundin-von-andreas-gabalier-38419.html; aufgerufen am 12.9.2024.

Website: »Schlager-Star im Interview: ›Ein neuer Anfang‹ für Andreas Gabalier«; https://prinz.de/deutschland/artikel/schlager-star-im-interview-ein-neuer-anfang-fuer-andreas-gabalier; aufgerufen am 12.9.2024.

Andre Branche, gleiche Ansichten

Website: »Darum sind sie ganz enge Freunde«; https://www.bild.de/unterhaltung/leute/leute/monika-gruber-und-andreas-gabalier-darum-sind-sie-ganz-enge-freunde-87540934.bild.html; aufgerufen am 12.9.2024.

Website: »Die Jeanne d'Arc aus Tittenkofen dankt ab«; https://www.sueddeutsche.de/medien/monika-gruber-abschied-olympiahalle-1.6436448; aufgerufen am 12.9.2024.

Andreas' ganz persönlicher Superstar

Website: »Andreas Gabalier singt über ›Superstar‹ – und meint nicht sich«; https://www.kleinezeitung.at/kultur/6303280/Kritik-zur-neuen-Single_Andreas-Gabalier-singt-ueber-Superstar; aufgerufen am 12.9.2024.

Website: »Andreas Gabalier: Tränen-Drama! Rührende Hommage an seine tote Schwester«; https://www.ok-magazin.de/schlager/andreas-gabalier-traenen-drama-ruehrende-hommage-seine-tote-schwester-90533.html; aufgerufen am 12.9.2024.

»Klimafasching« in Ischgl

Website: »Letzte Generation stört Auftritt von Andreas Gabalier in Ischgl«; https://www.spiegel.de/panorama/letzte-generation-aktivisten-stoeren-auftritt-von-andreas-gabalier-in-ischgl-mit-konfetti-a-0409766a-75ac-4fb1-8197-79739dacca88; aufgerufen am 12.9.2024.

Website: »›Ich verstehe, dass es Kritiker gibt‹«; https://www.sueddeutsche.de/muenchen/andreas-gabalier-konzert-muenchen-olympiastadion-interview-lux.7U93dJykFnCmtpMRcEYgu1?reduced=true; aufgerufen am 12.9.2024.

Spekulationen um die neue Single

Website: »Andreas Gabalier: Rätsel um neuen Song ›Meine Liebe bleibt‹«; https://www.schlager.de/news/andreas-gabalier-raetsel-um-neuen-song-meine-liebe-bleibt-a/253384; aufgerufen am 12.9.2024.

Website: »Wem verspricht Gabalier HIER seine ewige Liebe?«; https://www.oe24.at/leute/oesterreich/wem-verspricht-gabalier-hier-seine-ewige-liebe/594874554; aufgerufen am 12.9.2024.

Mit zwölf Laubbläsern übers Eis

Website: »12 Laubbläser pusten Gabalier um«; https://www.bild.de/unterhaltung/leute/leute/andreas-gabaliers-irrer-weltrekord-versuch-umgepustet-von-12-laubblaesern-87609026.bild.html; aufgerufen am 12.9.2024.

Die Konzert-Routinen des Alpen-Rockers

Website: »Blick hinter die Kulissen: Das macht Andreas Gabalier kurz vor seinen Konzerten«; https://www.merkur.de/boulevard/kulissen-andreas-gabalier-konzert-ritual-agentur-blick-hinter-zr-93135878.html; aufgerufen am 12.9.2024.

Andreas Gabalier. Die Fan-Edition Nr. 1, Slam Media GmbH, Wien 2017, S. 16.

Website: »Andreas Gabalier will etwas klarstellen: ›Habe ich schon gesagt, aber es wurde unterschlagen‹«; https://www.suedkurier.de/ueberregional/menschen/andreas-gabalier-will-etwas-klarstellen-habe-ich-schon-gesagt-aber-es-wurde-unterschlagen;art1015351,11756540; aufgerufen am 12.9.2024.

Berlin und Baywatch in Bayern

Website: »›Langsam wird's lächerlich‹: Fans schimpfen über Andreas Gabaliers München-Konzert«; https://www.focus.de/kultur/stars/olympiastadion-5-0-die-rueckkehr-langsam-wirds-laecherlich-fans-schimpfen-ueber-andreas-gabaliers-muenchen-konzert_id_260073640.html; aufgerufen am 12.9.2024.

Website: Wikipedia-Eintrag »Mario Barth«; https://de.wikipedia.org/wiki/Mario_Barth; aufgerufen am 12.9.2024.